Schiller-Studien 2 · 2022

Freiheit im Werden?

Schillers Vorlesungen an der Universität Jena

Herausgegeben von
Helmut Hühn, Nikolas Immer und Ariane Ludwig

im Auftrag des
Schillervereins Weimar-Jena e. V.

Wehrhahn Verlag

Bibliografische Information der Deutschen Nationalbibliothek

Die Deutsche Nationalbibliothek verzeichnet diese Publikation in der Deutschen Nationalbibliografie; detaillierte bibliografische Daten sind im Internet über https://portal.dnb.de abrufbar.

1. Auflage 2023
Wehrhahn Verlag
www.wehrhahn-verlag.de
Layout: Wehrhahn Verlag
Umschlagabbildung: Gustav Könnecke: Bilderatlas zur Geschichte der deutschen Nationallitteratur. Marburg ²1895, Beilage XIV zwischen Seite 310 und 311
Druck und Bindung: Mazowieckie Centrum Poligrafii

Inhalt

HELMUT HÜHN

Perspektiven der Freiheit

> Es ist gewiß von keinem Sterblichen Menschen kein
> größeres Wort noch gesprochen worden, als dieses
> Kantische, was zugleich der Inhalt seiner ganzen
> Philosophie ist: *Bestimme dich aus dir selbst*: So
> wie das in der theoretischen Philosophie: Die Natur
> steht unter dem Verstandesgesetze. Diese große
> Idee der Selbstbestimmung strahlt uns aus gewißen
> Erscheinungen der Natur zurük, und diese nennen
> wir *Schönheit*.[1]

Johann Wolfgang von Goethe hat Friedrich Schillers Werk
wiederholt mit der »Idee der Freiheit« verbunden. 1827 betont er im Gespräch mit Johann Peter Eckermann, durch
alle Werke Schillers gehe

> die Idee der Freiheit, und diese Idee nahm eine andere Gestalt an, so
> wie Schiller in seiner Kultur weiter ging und selbst ein Anderer wurde.
> In seiner Jugend war es die physische Freiheit, die ihm zu schaffen
> machte und die in seine Dichtung überging; in seinem spätern Leben
> die ideelle.[2]

Die Vergegenwärtigung und Explikation von Freiheit bildet
einen Mittelpunkt von Schillers dichterischer, historiogra-
phischer wie philosophischer Arbeit. Mit seiner Berufung an
die Universität Jena kommt Schiller in das Spannungsfeld
kantianischer Auseinandersetzungen. Die Philosophische
Fakultät der Universität entwickelt sich seit den 80er Jahren des 18. Jahrhunderts zu dem »bedeutendste[n] und
ausstrahlungskräftigste[n] Zentrum des frühen Kantianis-

mus in Deutschland«.[3] Im Ausgang von Immanuel Kant und in Auseinandersetzung mit seinen Schriften werden wichtige Diskurse entfaltet, darunter auch die vielschichtige und weitreichende Debatte um Phänomen und Begriff der Freiheit. Der Begriff der Freiheit fungiert bei Kant, der der praktischen Vernunft den Primat vor der theoretischen gibt, als »Schlußstein«[4] seines Systems. Er bezeichnet das Vermögen eines Subjekts, sich aufgrund der Gesetzgebung der reinen praktischen Vernunft zum Handeln zu bestimmen.[5]

Freiheit wird seit dem Ende der 80er Jahre aber noch in ganz anderer Weise manifest: in der geschichtlichen Erfahrung der Französischen Revolution.[6] Die politische Revolution ›entflammt‹ die Zeitgenossen, ihr Fortgang setzt sie in Erstaunen wie Schrecken: Die geschichtliche Wirklichkeit der eigenen Gegenwart verlangt – mit den Mitteln des Denkens – in elementarer Weise bewältigt zu werden. Der Frühkantianismus versteht sich in den 90er Jahren, verkürzt gesagt, nicht zuletzt als Versuch, die politischen Umwälzungen in Frankreich mit einer anderen Art von Revolution, mit einer Umänderung in den Meinungen und Gesinnungen der Menschen, zu begleiten.

Im Spannungsfeld der Jenaer Debatten entfaltet und vertieft Schiller sein eigenes Verständnis von Freiheit, was sich in seinen Vorlesungen und Kollegien wie in den Veröffentlichungen, die aus dieser universitären Tätigkeit hervorgehen, abzeichnet. Im Folgenden soll dies in zwei Schritten skizziert werden. In einem *ersten* Schritt ist Schillers Antrittsvorlesung *Was heißt und zu welchem Ende studiert man Universalgeschichte?* (1789) in der Folge wie im Zusammenhang wirkmächtiger Antrittsreden der Philosophischen Fakultät zu verorten, die allesamt Epoche gemacht haben. In einem *zweiten* Schritt ist zu fragen, wie sich die geschichtswissenschaftliche Vorlesungtätigkeit Schillers

mit der ästhetischen verbindet, die früh, im Sommersemester 1790, einsetzt: Als Professor der Geschichte berufen,
kündigt Schiller erstmals eine ästhetische Vorlesung an:
eine einstündige öffentliche Vorlesung über die »Theorie
der tragischen Kunst« (»Artis tragicae theoriam«).[7]

I. Freiheit und Bildung.
Jenaer Antrittsvorlesungen in den 80er und 90er Jahren des 18. Jahrhunderts

Die Universität Jena wird um 1800 in besonderer Weise
durch Antrittsvorlesungen in der Philosophischen Fakultät berühmt.[8] Obwohl die Praxis der Antrittsrede erst 1821
in den Statuten der Salana verankert wird, wird sie bereits
mehr als drei Jahrzehnte zuvor vollzogen, und zwar vor
allem von außerordentlichen Professoren. Im Jahr 1787
wird der Philosoph Carl Leonhard Reinhold an die Universität berufen. Mit seinen *Briefen über die Kantische Philosophie*, die fortlaufend 1787/88 in Christoph Martin Wielands
Literaturzeitschrift, im *Teutschen Merkur*, erscheinen, hat
Reinhold sich einen Namen gemacht. Er versteht sich in
der bewussten Nachfolge Kants. In seiner Antrittsvorlesung – *Ueber den Einfluß des Geschmackes auf die Kultur
der Wissenschaften und der Sitten* – spricht Reinhold im
Sommersemester 1788 als ›Lehrer der schönen Künste‹
zu der universitären Öffentlichkeit. Er sucht in Auseinandersetzung mit den Werken der Kunst die Regeln des
»Geschmacks« zu entwickeln und will auf diese Weise zur
»Bildung der Empfindung«, d.h. der sinnlichen Erkenntnisvermögen beitragen. Die »Bildung des Geschmacks« habe –
so Reinhold unter der Annahme des Zusammenspiels der
verschiedenen Erkenntnisvermögen – einen direkten Ein-

fluss auch auf »die Kultur der Wissenschaften und Sitten«.[9]
Nur der Mensch mit einem gebildeten Geschmack werde
auch auf den anderen Feldern der geistigen Betätigung etwas ausrichten. Insofern kann man bereits bei Reinhold von
einer ›ästhetischen Erziehung‹ sprechen, die im Programm
der Kultivierung des Geschmacks zum Ausdruck kommt.[10]
In seinem zweiten Semester schließt der Philosoph eine öffentliche Vorlesung über Wielands Versepos *Oberon* an, die
eine große Anziehungskraft ausübt und deren erste Sitzung
von über 400 Studierenden besucht worden sein soll.[11] Die
bei dieser Gelegenheit gehaltene Rede *Ueber die nähere
Betrachtung der Schönheiten eines epischen Gedichtes als
Erholung für Gelehrte und Studierende* erscheint, wie die
Antrittsrede Reinholds, im *Teutschen Merkur*.[12] Sie gehört
mit ihrer Verknüpfung von Wissenschaft und Kunst, von
Philosophie und Literaturwissenschaft, ebenfalls in den
Umkreis der großen Jenaer Universitätsreden.

Am 26. Mai 1789 hält Friedrich Schiller seine Antrittsvorlesung: *Was heißt und zu welchem Ende studiert man
Universalgeschichte*? Schiller macht die akademische Antrittsrede mit ihren rhetorischen wie literarischen Insze-
nierungsmöglichkeiten in neuer Weise populär. In seinen
Ausführungen begründet er nicht nur das Programm und
die Leistungskraft der universalgeschichtlichen Methode,
er nimmt zugleich den zeitgenössischen Bildungsdiskurs
auf, wenn er die Studierenden zu Beginn der Vorlesung in
der folgenden Weise anspricht:

> Es ist keiner unter Ihnen allen, dem Geschichte nicht etwas wichtiges
> zu sagen hätte; alle noch so verschiedenen Bahnen Ihrer künftigen
> Bestimmung verknüpfen sich irgendwo mit derselben; aber Eine
> Bestimmung theilen Sie alle auf gleiche Weise mit einander, diejenige,
> welche Sie auf die Welt mitbrachten – *sich als Menschen auszubilden* –
> *und zu dem Menschen eben redet die Geschichte*.[13]

Es ist der ›Dialog‹ mit der Geschichte, der Möglichkeiten und Notwendigkeiten menschlicher Selbstbildung in der Gegenwart vor Augen führen kann. Von dem gewöhnlichen Studenten, der sich nur für einen Beruf qualifizieren will, dem künftigen »Brodgelehrten«, unterscheidet Schiller bekanntlich den »philosophischen Kopf«.[14] Letzteren treibe »seine edle Ungeduld« immer voran, sodass er jede gewonnene Erkenntnis nur als vorläufig behandele:

> [V]on einem ewig wirksamen Trieb nach Verbesserung gezwungen [...] schreitet der philosophische Geist zu höherer Vortreflichkeit fort, wenn der Brodgelehrte, in ewigem Geistesstillstand, das unfruchtbare Einerley seiner Schulbegriffe hütet.[15]

Im Sommersemester 1794, fünf Jahre nach dem Beginn von Schillers Wirken an der Universität, beginnt Johann Gottlieb Fichte seine Lehrtätigkeit in Jena. Die öffentliche Antrittsvorlesung macht die *Bestimmung des Gelehrten*, ihre Eröffnungsrede die »Bestimmung des Menschen an sich« zum Thema. Der »gelehrte Stand« solle, so Fichtes Überlegung,

> über die Fortschritte der übrigen Stände wachen, sie befördern; und er selbst wollte *nicht* fortschreiten? Von seinem Fortschritte hangen die Fortschritte in allen übrigen Fächern der menschlichen Bildung ab.[16]

Es sind zwei »Triebe«, die nach Fichte die unaufhörliche Fortbildung der menschlichen Gesellschaft ermöglichen. Fichte nennt sie den

> *Mittheilungstrieb*, d.i. den Trieb, jemanden von derjenigen Seite auszubilden, von der *wir* vorzüglich ausgebildet sind, den Trieb, jeden andern uns selbst, dem bessern Selbst in uns, so viel als möglich gleich zu machen; und dann – den *Trieb zu empfangen*, d.i. den Trieb, sich von jedem von derjenigen Seite ausbilden zu lassen, von welcher wir vorzüglich ungebildet sind.[17]

Die beiden Triebe realisieren sich wie die Selbst- und die Fremdbildung fortwährend in produktiver Wechselwirkung miteinander. »Wechselwirkung durch Freiheit« sei, so erklärt Fichte im Rahmen der zweiten Vorlesung, »der positive Charakter der Gesellschaft.«[18]

1798/99 nimmt Friedrich Wilhelm Joseph Schelling seine Lehrtätigkeit an der Universität Jena auf.[19] Im Sommersemester 1802 hält er seine öffentlichen *Vorlesungen über die Methode des academischen Studium.* In ihnen wird das »Dispositiv der Bildung«,[20] also das Ensemble von Bildungs-Praxen, -Diskursen, -Kenntnissen, -Lehrsätzen und -Institutionen, das sich im letzten Drittel des 18. Jahrhunderts herausbildet, für die Reflexion der akademischen Ausbildung produktiv gemacht. Universitäten sind für Schelling »als Pflanzschulen der Wissenschaft zugleich allgemeine Bildungsanstalten«.[21] Nur wenn man den Lehrern die akademische Freiheit lasse, sich selbst zu bilden, würden sie auch imstande sein, andere zu bilden.[22] Schellings *Vorlesungen* erörtern die Bedeutung des methodischen wissenschaftlichen Denkens für die freie und allgemeine gesellschaftliche Bildung. Sie sind von der Überzeugung geleitet, dass eine solche Methodenlehre »nur aus der wirklichen und wahren Erkenntniß des lebendigen Zusammenhangs aller Wissenschaften hervorgehen könne«.[23]

Die Antrittsvorlesungen von Reinhold, Schiller und Fichte und die öffentliche Abschiedsvorlesung von Schelling entfalten auf je eigene Weise einen Begriff von der Institution Universität; die nach Jena berufenen Wissenschaftler entwerfen das Idealbild des Gelehrten wie des Studierenden, treten für eine praxis- und forschungsorientierte Universitätskultur ein und wissen sich in ihren gesellschaftlichen Modellierungen verantwortlich für die »Beförderung« der Humanität.[24] Im Rahmen des Jenaer

Bildungsdiskurses sind Thema und Anliegen der Freiheit allgegenwärtig.

Die geistigen Wurzeln der modernen Universitätsidee, wie sie bei der Gründung der Berliner Universität zum Tragen kommen, liegen nicht zuletzt in der institutionellen (Selbst-)Reflexion, die die philosophischen und geschichtswissenschaftlichen Antrittsreden an der Salana um 1800 artikulieren.[25] Fichte, der erste Rektor der Berliner Universität, und Wilhelm von Humboldt, ihr programmatischer Begründer, kommen beide aus Jena nach Berlin. Später folgen ihnen Georg Wilhelm Friedrich Hegel und Schelling. Wilhelm von Humboldt war 1794 wegen Schiller nach Jena gezogen: Er wollte in seiner Nähe sein.[26] In den Gründungstexten, die Humboldt im Blick auf die Universität zu Berlin geschrieben hat, knüpft er bewusst an die Jenaer Vorlesungen, besonders an die Schillers und Schellings, an. Es sei, so heißt es in seiner Denkschrift von 1810,

> eine Eigenthümlichkeit der höheren wissenschaftlichen Anstalten, dass sie die Wissenschaft immer als ein noch nicht ganz aufgelöstes Problem behandeln und daher immer im Forschen bleiben [...].[27]

Zur wissenschaftlichen Tätigkeit sei notwendig, so betont er an anderer Stelle, »Freiheit, und hülfereich Einsamkeit, und aus diesen beiden Punkten fliesst zugleich die ganze äussere Organisation der Universitäten«.[28]

II. Geschichte als Freiheitsgeschichte

Mit seiner Antrittsvorlesung rückt Schiller in den epistemischen Rahmen der klassischen Geschichtsphilosophie, die – von Kant über Fichte bis Hegel – Geschichte als Entfaltung der Vernunft und Realisierung menschlicher Freiheit konzipiert.[29] Im Rahmen der Vorlesung expliziert Schiller das methodische Selbstverständnis der Universalgeschichte und führt deren Erschließungskraft an ausgewählten geschichtlichen Stationen vor Augen.[30] In theoretischer Hinsicht neu ist ein Perspektivismus, der der Betrachtung von Geschichte als Geschehenszusammenhang zugrunde liegt: Aus der Summe der historischen Begebenheiten der Menschheitsgeschichte

> hebt der Universalhistoriker diejenigen heraus, welche auf die *heutige* Gestalt der Welt und den Zustand der jetzt lebenden Generation einen wesentlichen, unwidersprechlichen und leicht zu verfolgenden Einfluß gehabt haben. Das Verhältniß eines historischen Datums zu der *heutigen* Weltverfassung ist es also, worauf gesehen werden muß, um Materialien für die Weltgeschichte zu sammeln.[31]

Geschichte ist demnach nichts einfach Vorfindliches. Sie wird durch das geschichtliche Bewusstsein gemacht und begriffen. Es ist der Historiker, der das gesammelte geschichtliche Material so ordnet, dass er einen »vernünftigen Zweck in den Gang der Welt, und ein teleologisches Prinzip in die Weltgeschichte« bringen kann.[32] In Auseinandersetzung mit August Ludwig Schlözers *Universal-Historie* (1772/73) und Johann Gottfried Herders *Ideen zur Philosophie der Geschichte der Menschheit* (1784–1791) entwirft Schiller zugleich eine Antwort auf Kants *Idee zu einer allgemeinen Geschichte in weltbürgerlicher Absicht* (1784). Der Kantische Leitfaden einer umfassenden teleologischen Betrachtung der Natur, deren Grundsatz die vollständige Entwicklung der Potenzen alles Lebendigen ist, lässt das politische, rechtliche wie ethische Geschichtsziel – die weltbürgerliche Gesellschaft – als Funktion einer »Naturabsicht« erscheinen.[33] In Schillers Antrittsvorlesung ist es der Historiker, der einen vernünftigen Zweck im Gang der Gattungsgeschichte zu erfassen und in der Darstellung zu artikulieren sucht: die Ausbildung menschlicher Freiheit. Es ist das »Anliegen der Freiheit, das Schillers Blick und Darstellung« in der historiographischen Arbeit lenkt.[34] Seine Geschichtswerke suchen, im Rückgriff auf rhetorische wie poetische Mittel, die »innere Anteilnahme«[35] der Leser zu ermöglichen. Auch bei der Untersuchung vergangener Ereignisse ist es Schiller im Rahmen der narrativen Formungen des geschichtlichen Materials immer um den Einbezug der Leser, und das heißt für ihn, um deren eigenes Freiheitsanliegen zu tun.

Auf Kants *Idee zu einer allgemeinen Geschichte in welt-bürgerlicher Absicht* war Schiller von Reinhold bei seinem ersten Jena-Besuch hingewiesen worden. Er liest die Schrift Ende August 1787 und vermerkt gegenüber Christian Gott-fried Körner, der ihm die Kant-Lektüre angeraten hatte:

> Aber ich muß gestehen, daß er [Reinhold] mit Verstand davon sprach, und mich schon dahin gebracht hat, mit Kants kleinen Aufsätzen in der Berliner Monatschrift anzufangen, unter denen mich die Idee über eine allgemeine Geschichte ausserordentlich befriedigt hat. Daß ich Kanten noch lesen und vielleicht studieren werde scheint mir ziemlich ausgemacht.[36]

Im Sommersemester 1790 hält Schiller neben der ge-schichtswissenschaftlichen Überblicksvorlesung – *Allge-meine Weltgeschichte bis auf die Stiftung des fränkischen Reichs* – erstmals eine ästhetische Vorlesung. In der An-kündigung stellt er heraus, dass die Theorie der tragischen Kunst an Beispielen verdeutlicht werde, welche die größ-ten Tragiker der Antike ebenso wie die der neueren Zeit in ihren Werken gegeben haben.[37] Gegenüber Körner hält Schiller am 16. Mai 1790 fest:

> Zu meinem Vergnügen, und um doch für meine 200 rth. etwas zu thun lese ich, neben einem Privatum über die Universal Geschichte,

noch ein Publicum über den Theil der Aesthetik der von der Tragödie handelt. Bilde Dir ja nicht ein, daß ich ein aesthetisches Buch dabey zu Rathe ziehe. Ich mache diese Aesthetik selbst, und darum wie ich denke um nichts schlechter. Mich vergnügt es gar sehr, zu den mancherley Erfahrungen, die ich über diese Materie zu machen Gelegenheit gehabt habe, allgemeine philosophische Regeln und vielleicht gar ein scientifisches Prinzip zu finden. Es legt sich mir alles biss jetzt bewundernswürdig schön auseinander, und manche lichtvolle Idee stellt sich bey dieser Gelegenheit mir dar. Die alte Lust zum philosophiren erwacht wieder.[38]

Abb. 1 und 2: Titelblatt der *Thalia*: Erstes Stück des Jahrgangs 1792 sowie Beginn des Aufsatzes: *Ueber das Vergnügen an tragischen Gegenständen* (1792)

Infolge der Vorlesungstätigkeit und der nachträglichen Weiterbearbeitung der Ergebnisse entstehen zwei Aufsätze: *Ueber den Grund des Vergnügens an tragischen Gegen-ständen* und *Ueber die tragische Kunst*, die 1792 im ersten und zweiten Stück der *Neuen Thalia* gedruckt werden.[39] Es handelt sich um grundlegende kunsttheoretische Arbeiten, in denen Schiller – in Auseinandersetzung mit Kants *Critik der Urtheilskraft* (1790), d.h. mit der »Analytik des Erhabenen« – seine eigene Wirkungsästhetik des Erhabenen auszuformen beginnt.[40] Nach Kant ruft die Überforderung des Zusammenspiels von Einbildungskraft und Verstand bzw. die Erfahrung physischer Ohnmacht zunächst ein Gefühl der Unlust hervor, das aber in eine Empfindung der Lust übergehen kann, sofern dem Subjekt bewusst wird, dass es dieser Herausforderung durch einen Rückgriff auf seine Vernunft gewachsen ist:

> Also ist das Gefühl des Erhabenen in der Natur Achtung für unsere eigene Bestimmung, die wir einem Objecte der Natur durch eine gewisse Subreption (Verwechselung einer Achtung für das Object, statt der für die Idee der Menschheit in unserm Subjecte) beweisen, welches uns die Überlegenheit der Vernunftbestimmung unserer Erkenntnißvermögen über das größte Vermögen der Sinnlichkeit gleichsam anschaulich macht.[41]

Schiller erkennt in der von Kant explizierten Genese des moralischen Gefühls des Erhabenen ein konstitutives Konfliktschema der tragischen Darstellung. Das Gefühl der »moralischen Zweckmäßigkeit« liege nicht nur der »tragischen Rührung«, sondern auch der Lust an tragischen Gegenständen eigentlich zu Grunde.[42] Indem der tragische Dichter dieses Gefühl zu Bewusstsein bringe,[43] ermögliche er auf der Seite des Rezipienten eine elementare Selbsterfahrung von Freiheit im Sinne der Selbstbestimmung:

> Die Naturzweckmäßigkeit könnte noch immer problematisch seyn, die moralische ist uns erwiesen. Sie allein gründet sich auf unsre vernünftige Natur und auf innre Nothwendigkeit. Sie ist uns die nächste, die wichtigste, und zugleich die erkennbarste, weil sie durch nichts von aussen sondern durch ein innres Princip unsrer autonomischen Vernunft bestimmt wird. Sie ist das Palladium unsrer Freiheit.[44]

Wie produktiv Schiller die fortgesetzte Kant-Lektüre zu machen weiß, zeigt sich auch darin, dass er auf dem Weg über die Kantische Reflexion auf die (Un-)Darstellbarkeit von Vernunftideen im Kontext seiner eigenen Theorie des Erhabenen zum Gedanken einer »bloß negative[n] Darstellung«[45] von Freiheit findet. Vernunftideen können, so Kant, nicht versinnlicht werden, weil ihnen »schlechterdings keine Anschauung angemessen gegeben werden kann.«[46] Das »moralische Gesetz« mache sich, so heißt es in höchster Verdichtung in der *Critik der Urtheilskraft*, »durch Aufopferungen ästhetisch-kenntlich«.[47] Schiller überträgt diesen darstellungstheoretischen Gedanken auf die tragische Dichtung: Um die Freiheit der Selbstbestimmung im Gemüt des Rezipienten erfahrbar zu machen, kann sich der tragische Dichter auf die Formen negativer Darstellung verlegen und deren Potentiale entwickeln.[48]

Im Wintersemester 1792/93 setzt Schiller die Vertiefung seiner Ästhetik und Kunsttheorie mit einem Kolleg fort. An Körner berichtet Schiller am 6. November 1792:

> Ich habe jetzt mein privatissimum in der Aesthetik angefangen und bin nun in einer gewaltigen Thätigkeit. Da ich mich nicht an den Schlendrian halten kann, so muss ich mich ziemlich zusammennehmen, um zu 4 biß 5 Stunden in der Woche hinlänglichen Stoff zu haben. Auch sehe ich an den ersten Vorlesungen, wie viel Einfluß dieses Collegium auf Berichtigung meines Geschmackes haben wird. Der Stoff häufft sich jemehr ich fortschreite und ich bin jetzt schon auf manche lichtvolle Idee gekommen. Mit der Zahl und der Beschaffenheit meiner Zuhörer bin ich sehr zufrieden. Ich habe 24 wovon mich 18 bezahlen, jeder einen *Louis*dor. Also schon 100 hiesige Thaler, und dieses Geld verdiene ich bloß dadurch, daß ich mir einen reichen Vorrath von Ideen zu schriftstellerischem Gebrauche zusammentrage, und obendrein vielleicht zu einem Resultat in der Kunst gelange.[49]

In das Zentrum der Untersuchungen des Privatissimums rückt die zweite Leitkategorie der Schillerschen Ästhetik:

das Schöne. In Auseinandersetzung mit Kants »Analytik des Schönen« entwickelt Schiller erste Überlegungen zur Objektivität des Schönen, die sich in der berühmten Formel verdichten, wonach Schönheit als »Freiheit in der Erscheinung« auszuweisen sei.[50] Beide Leitkategorien, das Erhabene wie das Schöne, werden im Rahmen der universitären Lehre im Rekurs auf die Selbsterfahrung menschlicher Freiheit verständlich gemacht und expliziert.

Der Vergleich der geschichtswissenschaftlichen mit den ästhetischen Vorlesungen Schillers zeigt deren Zusammengehörigkeit und markiert die besondere Bedeutung der Kant-Lektüre, in deren Verlauf Schiller zu einer vertieften Selbstverständigung kommt. Das Programm einer Historiographie der Freiheit korrespondiert dem einer Ästhetik der Freiheit. Auch die Ästhetik setzt am Freiheitsproblem als ihrem Mittelpunkt an. Schiller wechselt in ihrem Rahmen die Perspektive: vom Blick, den der Historiker aus der Gegenwart heraus auf die Langzeitzusammenhänge der menschlichen Gattungsgeschichte wirft, zum Blick auf Personen, die in konkrete Handlungsvollzüge ›verstrickt‹ sind. Geschichte erwächst aus den Handlungen der einzelnen Subjekte, die, mit Kant zu sprechen, »nicht wie vernünftige Weltbürger nach einem verabredeten Plane im Ganzen verfahren.«[51] Die Schillersche Ästhetik der beginnenden 1790er Jahre thematisiert, wie Personen ihre eigene Freiheitsfähigkeit entdecken und über die differenten Erfahrungen des Erhabenen und des Schönen in den Vollzügen des Wahrnehmens, Denkens, Entscheidens und Handelns realisieren können. Sie konstituieren sich als Individuen im Medium ästhetischer Erfahrung. Vor dem Hintergrund der Französischen Revolution wird die ästhetische Erfahrung als ein Potential zur Entfaltung von Kräften aufgewiesen, die auf die Veränderung der gesellschaftlichen Verhältnisse und Relationierungen abzielen, aus denen die Subjekte selbst hervorgegangen sind. Die Idee einer geschichtlichen Entfaltung von Freiheit ist, in abgewandelter Form, auch in der Ästhetik salient. Noch das sogenannte Älteste Systemprogramm des deutschen Idealismus verknüpft im Anschluss an Schiller den »ästhetischen Sinn« mit dem revolutionären Postulat der Freiheit und der gesellschaftlichen Erneuerung.[52]

III. Freiheit im Werden?

Die Schillertage 2021 fanden vom 5. bis zum 6. November an der Friedrich-Schiller-Universität Jena statt. Die Untersuchung der Vorlesungstätigkeit in den Jahren von 1789 bis 1793 bot die Möglichkeit, Schillers Denken im Spannungsfeld zeitgenössischer wie zeitgeschichtlicher Debatten zu profilieren und Zusammenhänge herauszuarbeiten, die Geschichtswissenschaft, Dichtkunst, Ästhetik und politisches Zeitgeschehen miteinander verbinden. Die historischen Perspektiven verschieben sich im Verlauf der 1790er Jahre merklich. Der geschichtsphilosophische Optimismus der Antrittsvorlesung weicht bei Schiller einer ent-illusionierten Betrachtung:

> Die Welt, als historischer Gegenstand, ist im Grunde nichts anders als der Konflikt der Naturkräfte unter einander selbst und mit der Freyheit des Menschen und den Erfolg dieses Kampfs berichtet uns die Geschichte. So weit die Geschichte bis jetzt gekommen ist, hat sie von der Natur (zu der alle Affekte im Menschen gezählt werden müssen) weit größere Thaten zu erzählen, als von der selbstständigen Vernunft.[53]

GEORG SCHMIDT widmet sich in seinem Beitrag Schillers Abkehr von der Geschichtsschreibung und seiner erneuten

Zuwendung zu den »schönen Künsten«. Er sieht diese Abkehr in der Erfahrung des jakobinischen Terrors im Verlauf
der Französischen Revolution begründet. Die Erfahrung
der Realgeschichte lässt in radikaler Weise fragwürdig werden, ob Geschichte den Weg zu Freiheit und Humanität
verbürgen kann. Schmidt verdeutlicht, dass Schiller auch
im weiteren Vollzug seiner philosophischen wie poetischen
Arbeit politisch agiert, um einer weltbürgerlichen Freiheit
zum Durchbruch zu verhelfen.

ANDREA MARLEN ESSER untersucht Schillers Lektüre
der *Critik der Urtheilskraft*, wie sie sich im Rahmen seines Ästhetik-Seminars im Wintersemester 1792/93 artiku-
liert, das in einer Nachschrift von Christian Friedrich Michaelis dokumentiert ist. Sie vergegenwärtigt zunächst das
kritische Anliegen von Kants Analyse des ästhetischen Urteils und die in diesem Rahmen aufgestellten Bedingungen
ästhetischen Urteilens. Auf dieser Basis setzt sie sich mit
Schillers Anspruch auseinander, »die objektive Beschaffenheit der für schön gehaltenen Gegenstände« zu bestimmen[54] – entsprechend der berühmt gewordenen Formel von
»der Freiheit in der Erscheinung«.[55] Diesem Anliegen kann
man, wie Esser zeigt, insbesondere in produktionsästhe-
tischer Hinsicht auch innerhalb des Kantischen Rahmens
eine sachliche Berechtigung zugestehen. Zu systematischen
Nachfragen fordert allerdings die Art und Weise heraus, in
der Schiller diese Objektivität zu begründen versucht.

ANDREAS SCHMIDT vergleicht die Antrittsvorlesungen
von Schiller und Fichte, die auf unterschiedliche Weise
Epoche gemacht haben. Beide Denker stehen vor der Herausforderung, Geschichte und Vernunft, Geschichte und
Freiheit zusammenzudenken. Schiller entfaltet seine Lehre vom geschichtlichen »Vermächtniß von Wahrheit, Sittlichkeit und Freyheit« wenige Wochen vor Ausbruch der

Französischen Revolution.[56] Fichte expliziert seine ›Moral für Gelehrte‹ im Sommerhalbjahr 1794, d.h. im Blick auf den Verlauf der Revolution nach der Hinrichtung Dantons und seiner Anhänger. In zeitdiagnostischer Hinsicht stellt er kritisch heraus: »Wir sind selbst noch nicht zum Gefühl unsrer Freiheit und Selbstthätigkeit gereift; denn sonst müßten wir nothwendig um uns herum uns ähnliche, d.i. freie Wesen sehen wollen. Wir sind Sklaven und wollen Sklaven halten.«[57] Der Gelehrte wird im Rahmen von Fichtes intersubjektiver Freiheitskonzeption, wie Schmidt herausstellt, zum »*Lehrer* des Menschengeschlechtes« bzw. zum »*Erzieher* der Menschheit«.[58]

Anmerkungen

1   Friedrich Schiller an Christian Gottfried Körner, 18. und 19.2.1793. NA 26, 190–199, hier 191.

2   Johann Peter Eckermann: Gespräche mit Goethe in den letzten Jahren seines Lebens, 18.1.1827. In: MA 19, 195; vgl. auch Ernst Cassirer: Freiheit und Form. Studien zur deutschen Geistesgeschichte (1916). In: Ders.: Gesammelte Werke. Hamburger Ausgabe, Bd. 7. Hrsg. von Reinhold Schmücker. Hamburg 2001, bes. S. 285–318: »Schiller. Freiheitsproblem und Formproblem in der klassischen Ästhetik«; ders.: Schillers philosophische Weltansicht. In: Nachgelassene Manuskripte und Texte, Bd. 12. Hrsg. von Jörg Fingerhut. Hamburg 2014.

3   Erhard Lange: Schiller und Kant. In: Norbert Hinske, Erhard Lange und Horst Schröpfer (Hrsg.): »Das Kantische Evangelium«: der Frühkantianismus in der Universität Jena von 1785–1800. Stuttgart 1993, S. 121–138, hier S. 121.

4   Immanuel Kant: Kritik der praktischen Vernunft (1788). In: Kants Gesammelte Schriften. Hrsg. von der Preußischen/Deutschen/Göttinger Akademie der Wissenschaften. Berlin 1900 ff. (Akademie-Ausgabe; fortan: AA), Bd. 5, S. 3 f.

5   Kant: *Die Metaphysik der Sitten* (1797). AA 6, 227. Der praktische Begriff der Freiheit wird negativ als »Unabhängigkeit durch sinnliche Antriebe« und positiv als »Vermögen der reinen Vernunft für sich selbst praktisch zu sein« bestimmt (ebd., 213 f.).

6   Vgl. Gerd van der Heuvel: Der Freiheitsbegriff der Französischen Revolution: Studien zur Revolutionsideologie. Göttingen 1988. Der mit Schiller befreundete Johann Benjamin Erhard publizierte eine der radikalsten Würdigungen der Französischen Revolution in den 1790er Jahren. Vgl. ders.: Ueber das Recht des Volks zu einer Revolution. Jena/Leipzig 1795. Auf dem Titelblatt stehen die Verse aus Alexander Poes *Essay on man* (1734): »Let us / Expatiate free over all this scene of man«.

7   NA 41/II A, 311, Nr. 278; vgl. NA 41/II B, 392 f.

8   Vgl. Martin Schippan: Die akademische Antrittsrede um 1800. Literarische Konstitution der philosophischen Öffentlichkeit. Heidelberg 2017, bes. S. 1–198; Mark-Georg Dehrmann: Prüfung, Forschung, Gruß – Antrittsprogramme und Antrittsvorlesungen als akademische Praktiken im 19. Jahrhundert. In: Zeitschrift für Germanistik 23 (2013), H. 2, S. 226–241; Holger Gutschmidt: Von der ›Idee einer Universität‹ zur ›Zukunft unserer Bildungsanstalten‹ – Bildungsbegriff

und Universitätsgedanke in der deutschen Philosophie von Schiller bis Nietzsche. In: Jürgen Stolzenberg und Lars-Thade Ulrichs (Hrsg.): Bildung als Kunst. Fichte, Schiller, Humboldt, Nietzsche. Berlin/New York 2010, S. 149–167.

9 Carl Leonhard Reinhold: Ueber den Einfluß des Geschmackes auf die Kultur der Wissenschaften und der Sitten. In: Der Teutsche Merkur 1 (1788), S. 167–183 [Erstdruck]; überarbeitete Fassung in: Ders.: Auswahl vermischter Schriften. Erster Theil. Hrsg. von Martin Bondeli und Silvan Imhof. Basel 2016, 119–132; vgl. ders.: Ueber die Natur des Vergnügens. In: Der Teutsche Merkur (1788), H. 4, S. 144–167; (1789), H. 1, S. 37–52; zum »Vergnügen überhaupt« als Fundament des Geschmacksvermögens vgl. auch ders.: Briefe über die Kantische Philosophie. Zweyter Band. Leipzig 1792, S. 231 f. [Gesammelte Schriften, Bd. 2/2, 166]; vgl. Martin Bondeli: Geschmack und Vergnügen in Reinholds Aufklärungskonzept und philosophischem Programm während der Phase der Elementarphilosophie. In: Friedrich Strack (Hrsg.): Evolution des Geistes: Jena um 1800. Natur und Kunst, Philosophie und Wissenschaft im Spannungsfeld der Geschichte. Stuttgart 1994, S. 351–372; ders.: Reinhold im Anschluss an Kant über Geschmack, Moral und moralische Religion. In: Kant und die Folgen. Die Herausforderung in Ästhetik, Ethik und Religionsphilosophie. Hrsg. von Rudolf Langthaler und Michael Hofer [Wiener Jahrbuch für Philosophie XLVIII, 2016]. Wien 2017, S. 11–33; ders.: Im Gravitationsfeld nachkantischen Denkens: Reinhold und Hölderlin. Basel 2020.

10 Schiller knüpft bereits in seinen ästhetischen Vorlesungen an die Geschmackslehren von Christian Gottfried Schütz (Lehrbuch zur Bildung des Verstandes und des Geschmacks. Halle/Lemgo 1756) und Reinhold an. Vgl. Fragmente aus Schillers aesthetischen Vorlesungen vom Winterhalbjahr 1792–93. NA 21, 66–88, hier 67 f.

11 Vgl. Reinhold: Ueber den Zweck meiner öffentlichen Vorlesungen über Wielands Oberon. In: Auswahl vermischter Schriften. Erster Theil. Hrsg. von Martin Bondeli und Silvan Imhof. Basel 2016, S. 87–100; Hans-Peter Nowitzki: Anfang oder Ende einer »Vorgeschichte«? Zur Grundlegung der Jenaer Germanistik durch Christian Gottfried Schütz und Karl Leonhard Reinhold. In: »... und was hat es für Kämpfe gegeben.« Studien zur Geschichte der Germanistik an der Universität Jena. Hrsg. von Reinhard Hahn und Angelika Pöthe. Heidelberg 2010, S. 3–31.

12 Reinhold: Ueber die nähere Betrachtung der Schönheiten eines epischen Gedichtes als Erholung für Gelehrte und Studierende. In: Der Teutsche Merkur 2 (1788), S. 385–404.

13 Friedrich Schiller: *Was heißt und zu welchem Ende studiert man Universalgeschichte? Eine akademische Antrittsrede* (1789). NA 17, 359–376, hier 359 f.; Hervorhebung H.H.

14 Ebd., 360.

15 Ebd., 362 f. Vgl. zum Wert der »studia humanitatis für jeden auf der Universität Studirenden« Christian Gottfried Schütz: Anweisung die zur philosophischen Facultät gehörigen Wissenschaften und deren Endzweck, Wichtigkeit und Studium betreffend. Jena 1785, § 2 f. (Universitätsarchiv, Bestand M, Nr. 184, Bl. 48).

16 Johann Gottlieb Fichte: Einige Vorlesungen über die Bestimmung des Gelehrten (1794). In: Gesamtausgabe der Bayerischen Akademie der Wissenschaften [fortan: GA]. Hrsg. von Reinhard Lauth und Hans Jacob. Stuttgart/Bad Cannstatt 1962 ff. – Hier: Reihe I, Bd. 3, S. 1–75. Im Wintersemester 1800/1801 hält auch Friedrich Schlegel an der Salana eine öffentliche Vorlesung »Über die Bestimmung des Gelehrten«. Vgl. Briefwechsel zwischen Friedrich Carl von Savigny und Stephan August Winkelmann (1800–1801) mit Dokumenten und Briefen aus dem Freundeskreis. Hrsg. von Ingeborg Schnack. Marburg 1984, S. 105. Zur Auseinandersetzung mit Fichtes Vorlesung vgl. auch Friedrich Carl Forberg: Von den Pflichten des Gelehrten (1802). In: Ders.: Philosophische Schriften. Bd. 1. Hrsg. von Guido Naschert. Leiden/Boston 2021, S. 452–460.

17 Vgl. GA I/3, 44. Die zweite Vorlesung trägt den Titel *Ueber die Bestimmung des Menschen in der Gesellschaft.*

18 GA I/3, 37 f.

19 Schelling hält im Wintersemester 1798/99 zwei programmatisch miteinander verbundene Lehrveranstaltungen: »Philosophie der Natur« und »Elemente des transcendentalen Idealismus«. Vgl. Horst Neuper (Hrsg.): Das Vorlesungsangebot an der Universität Jena von 1749 bis 1854. Weimar 2003, S. 312.

20 Vgl. Heinrich Bosse: Das Dispositiv der Bildung in Jena. In: Athenäum. Jahrbuch der Friedrich Schlegel-Gesellschaft 25 (2015), S. 89–122; Michel Foucault: Dispositive der Macht. Über Sexualität, Wissen und Wahrheit. Berlin 1978, S. 119 f.: »Was ich unter diesem Titel festzumachen versuche ist erstens ein entschieden heterogenes Ensemble, das Diskurse, Institutionen, architekturale Einrichtungen, reglementierende Entscheidungen, Gesetze, administrative Maßnahmen, wissenschaftliche Aussagen, philosophische, moralische oder philanthropische Lehrsätze, kurz: Gesagtes ebensowohl wie Ungesagtes umfaßt.«

21 Friedrich Wilhelm Joseph Schelling: Vorlesungen über die Methode des academischen Studium (1803). In: Ders.: Historische-kritische

Ausgabe. Im Auftrag der Bayerischen Akademie der Wissenschaften (Schelling – Edition und Archiv) hrsg. von Thomas Buchheim u.a. München 1976 ff. [fortan: HKA], Bd. I, 14, 75. Vgl. auch Friedrich Schleiermacher: Rezension von Friedrich Wilhelm Joseph Schelling. Vorlesungen über die Methode des akademischen Studiums [1804]. In: Ders.: Kritische Gesamtausgabe. Hrsg. von Lutz Käppel, Andreas Arndt, Jörg Dierken, André Munzinger und Notger Slenczka. Berlin 2017, Bd. I/4, S. 461–484.

22 Schelling: *Vorlesungen*. HKA I, 14, 69 (»geistige Freyheit«).

23 Ebd., S. 56; vgl. S. 53 und 80; Editorischer Bericht. Ebd., S. 24 f.

24 Vgl. Fichte: *Vorlesungen*. GA I/3, 33; 54. Vgl. zur umfassenden Explikation des Konzepts einer »Beförderung der Humanität«: Johann Gottfried Herder: Briefe zu Beförderung der Humanität (1793–1797). In: Ders.: Sämtliche Werke. Hrsg. von Bernhard Suphan. 33 Bde. Berlin 1877–1913, Bde. 17 und 18.

25 Man kann diese Antrittsvorlesungen als ein Ganzes untersuchen, denn die Vortragenden beziehen sich auch aufeinander.

26 Vgl. Nikolas Immer: Art. ›Jena/Weimar‹ und ›Der Briefwechsel zwischen Humboldt und Schiller‹. In: Cord-Friedrich Berghahn (Hrsg.): Wilhelm von Humboldt-Handbuch. Leben – Werk – Wirkung. Stuttgart 2022, S. 54–56, 273–279.

27 Wilhelm von Humboldt: Über die innere und äussere Organisation der höheren wissenschaftlichen Anstalten in Berlin [1810?]. In: Gesammelte Schriften. Hrsg. von Albert Leitzmann. 17 Bde. Berlin 1903–1936 (Akademie-Ausgabe; fortan: GS), Bd. 10, S. 250–260, hier S. 251.

28 Wilhelm von Humboldt: *Unmassgebliche Gedanken über den Plan zur Einrichtung des Litthauischen Stadtschulwesens* [1809]. GS 13, 276–283, hier 279.

29 Vgl. Emil Angehrn: Geschichtsphilosophie. Eine Einführung. Basel 2012; Walter Jaeschke: Zur Geschichtsphilosophie Hegels. In: Ders.: Hegels Philosophie. Hamburg 2020, S. 281–300; Helmut Hühn: Gegenwarten. Zur Konfliktgeschichte der Moderne. In: Johannes F. Lehmann und Kerstin Stüssel (Hrsg.): Gegenwart denken. Diskurse, Medien, Praktiken. Hannover 2020, S. 89–111.

30 Vgl. NA 17, 377 f.

31 NA 17, 371 f. Vgl. Lucian Hölscher: Die Zeit des Historikers. Friedrich Schillers Konzept einer perspektivischen Geschichtsschreibung. In: Helmut Hühn, Dirk Oschmann und Peter Schnyder (Hrsg.): Schillers Zeitbegriffe. Hannover 2018, S. 249–263.

32 Ebd., 374.

33 Immanuel Kant: *Idee zu einer allgemeinen Geschichte in weltbürgerlicher Absicht* (1784). AA 8, 15–31, hier 17 f.

34 Lucian Hölscher: Zeitgärten. Zeitfiguren in der Geschichte der Neuzeit. Göttingen 2020, S. 81; vgl. S. 77–83.

35 Ebd. 78; vgl. auch Johannes Süßmann: Geschichtsschreibung oder Roman? Zur Konstitutionslogik von Geschichtserzählungen zwischen Schiller und Ranke (1780–1824). Stuttgart 2000; Stephan Jaeger: Performative Geschichtsschreibung. Forster, Herder, Schiller, Archenholz und die Brüder Schlegel. Berlin/Boston 2011.

36 Schiller an Körner, 29.8.1787. NA 24, 123. Danach schließt Schiller die Lektüre des Kantischen Aufsatzes *Mutmaßlicher Anfang der Menschengeschichte* (1786) an: AA 8, 107–123. Körner antwortet auf die Zusendung der gedruckten Antrittsvorlesung am 17. November 1789: »Daß Du übrigens in einer solchen Vorlesung Dich nicht schämst zu *kantisieren*, und sogar des teleologischen Princips erwähnst, war mir ein großer Triumph.« (NA 33, 415).

37 NA 41/II A, 311. Vgl. Peter-André Alt: Schiller. Leben – Werk – Zeit. Eine Biographie, Bd. 2. München 2000, S. 87.

38 NA 26, 22.

39 Vgl. NA 20, 133–147 und 148–170.

40 Vgl. Carsten Zelle: Über den Grund des Vergnügens an tragischen Gegenständen (1792). In: Matthias Luserke-Jaqui (Hrsg.): Schiller-Handbuch. Leben – Werk – Wirkung. Stuttgart/Weimar 2005, S. 364–374; ders.: *Über die tragische Kunst* (1792). Ebd., S. 374–382.

41 Kant: *Critik der Urtheilskraft*, § 27. AA 5, 257.

42 Schiller: *Ueber den Grund des Vergnügens an tragischen Gegenständen*. NA 20, 145.

43 Vgl. ebd., 147.

44 Ebd., 139.

45 Kant: *Critik der Urtheilskraft*, § 29. AA 5, 275. In der Einleitung der dritten Kritik stellt Kant die »unübersehbare Kluft« heraus, die zwischen dem »Gebiete des Naturbegriffs, als dem Sinnlichen, und dem Gebiete des Freiheitsbegriffs, als dem Übersinnlichen« verläuft (AA 6, 76).

46 AA 5, 351. Vgl. auch Arno Schubach: Leben und Darstellung in Kants *Kritik der Urteilskraft*. Zwischen Ästhetik, Epistemologie und Ethik. In: Nicola Gess, Agnes Hoffmann und Annette Kappeler (Hrsg.): Belebungskünste. Praktiken lebendiger Darstellung in Literatur, Kunst und Wissenschaft um 1800. Paderborn 2019, S. 191–228.

47 Kant: *Critik der Urtheilskraft*, § 29. AA 5, 271: »Der Gegenstand eines reinen und unbedingten intellectuellen Wohlgefallens ist das moralische Gesetz in seiner Macht, die es in uns über alle und jede vor ihm vorhergehende Triebfedern des Gemüths ausübt; und da diese Macht sich eigentlich *durch Aufopferungen ästhetisch-kenntlich*

macht (welches eine Beraubung, obgleich zum Behuf der innern Freiheit, ist, dagegen eine unergründliche Tiefe dieses übersinnlichen Vermögens mit ihren ins Unabsehliche sich erstreckenden Folgen in uns aufdeckt): so ist das Wohlgefallen von der ästhetischen Seite (in Beziehung auf Sinnlichkeit) negativ, d.i. wider dieses Interesse, von der intellectuellen aber betrachtet, positiv und mit einem Interesse verbunden.« (Hervorhebung H.H.) Vgl. zur konstitutiven Negativität der Freiheit im Rahmen der Darstellungstheorie Kants Carsten Zelle: Darstellung – zur Historisierung des Mimesis-Begriffs bei Schiller (eine Skizze). In: Georg Bollenbeck und Lothar Ehrlich (Hrsg.): Friedrich Schiller. Der unterschätzte Theoretiker. Köln u.a. 2007, S. 73–86.

48 Vgl. Schiller: *Ueber das Pathetische* (1793). NA 20, 196–221, hier 202: »Nun sind aber Ideen im eigentlichen Sinn und positiv nicht darzustellen, weil ihnen nichts in der Anschauung entsprechen kann. Aber negativ und indirekt sind sie allerdings darzustellen, wenn in der Anschauung etwas gegeben wird, wozu wir die Bedingungen in der *Natur* vergebens aufsuchen. Jede Erscheinung, deren letzter Grund aus der Sinnenwelt nicht kann abgeleitet werden, ist eine indirekte Darstellung des Uebersinnlichen.« Vgl. Ebd., 204 f. mit Anm.

49 NA 26, 164.

50 Fragmente aus Schillers aesthetischen Vorlesungen. NA 21, 87. Vgl. mit Blick auf die neuere Forschung Alice Stašková: Friedrich Schillers philosophischer Stil. Logik – Rhetorik – Ästhetik. Paderborn 2021, S. 213–241.

51 Kant: *Idee zu einer allgemeinen Geschichte in weltbürgerlicher Absicht.* AA 8, 117.

52 Vgl. die kritische Edition in: Mythologie der Vernunft. Hegels ›ältestes Systemprogramm‹ des deutschen Idealismus. Hrsg. von Christoph Jamme und Helmut Schneider. Frankfurt am Main 1984, S. 7–17, hier S. 12 f.; Gunnar Hindrichs: Philosophie der Revolution. Frankfurt am Main 2017, S. 230–247.

53 Schiller: *Ueber das Erhabene* (1801). NA 21, 38–57, hier 49; vgl. Wolfgang Riedel: Weltgeschichte als »erhabenes Object«: zur Modernität von Schillers Geschichtsdenken. In: Weimarer Schillerverein (Hrsg.): Schiller um 1800: am Beginn der Moderne. Weimar/Marbach am Neckar 2001, S. 3–22.

54 Fragmente aus Schillers aesthetischen Vorlesungen. NA 21, 83.

55 NA 21, 87.

56 NA 17, 376.

57 GA I/3, 39.

58 GA I/3, 56 f.

Abb. 3: Christian Carl Gottlob Pflug: Jena von Süd-West (1780).
Städtische Museen Jena, Stadtmuseum.

Georg Schmidt

Schillers Bürgen der Freiheit

Geschichte beglaubigt, Schönheit bewirkt

Schiller freute sich auf den baldigen Abschluss seiner *Geschichte des dreyßigjährigen Kriegs.* Anfang September 1792 schrieb er seinem Freund Christian Gottfried Körner, er hoffe, in vierzehn Tagen »frank und frey zu seyn von der Arbeit, und dann gehts an lauter fröhliche Geschäfte.«[1] Angesichts des jakobinischen Terrors in Frankreich und der ihm »erbärmlich« vorkommenden Unruhen in Jena hatte er die Lust am Erzählen des vergangenen Geschehens verloren.[2] Seine Konstruktionen, als ob die Geschichte den Weg zu Freiheit und Humanität anleiten und verbürgen könne, waren von der Wirklichkeit augenfällig widerlegt worden. Das französische Volk hatte sich erhoben und die Freiheit erkämpft, sich ihrer jedoch als unwürdig erwiesen und war in die Barbarei von Menschenopfern zurückgefallen. Das war ein veritabler Systemabsturz, zeigten sich doch die Jakobiner und der aus Schillers Sicht triebgesteuerte und rachsüchtige Pöbel unbeeindruckt von allen aufklärerischen Appellen an die Vernunft. Die Menschen mussten, so Schillers Schlussfolgerung, auf die möglich gewordene Freiheit vorbereitet werden. Das »Werkzeug«, das eine neue Balance zwischen Vernunft und Gefühlen herbeiführen sollte, war »die schöne Kunst.«[3] Klio, die Muse der großen Erzählung des Vergangenen, wechselte ihre Rollen: Von der gut erzählten Historie zur anmutigen, Gefühle ansprechenden Darstellung einer höheren Wahrheit, wie sie in der Dichtung Ausdruck finden kann.

Das Ziel weltbürgerlicher Freiheit verlor Schiller nicht aus den Augen. Von der Forderung nach Gedankenfreiheit im *Don Karlos* bis zur Freiheit der Eidgenossen vom habsburgischen Despotismus in *Wilhelm Tell* spannt sich der weite Bogen seiner Freiheitsvorstellungen, die er als Dichter immer wieder auf die individuelle Entscheidungsfreiheit zurückführt. Er zeigt die Risiken und Ambivalenzen sowohl der negativen oder bürgerlichen Freiheit von fremdem Zwang und Verboten, Gängelungen und Bevormundungen, als auch der positiven oder politischen Freiheit, der Möglichkeit und Pflicht zur Mitgestaltung und zur republikanischen Selbstregierung.[4] Demokratische Ideale waren Schiller allerdings suspekt. Sein am antiken Modell orientierter Freiheitsenthusiasmus basierte auf der Idee einer gesetzlichen Ordnung und schloss monarchische Regimentsformen nicht aus. Er war republikanisch im frühneuzeitlichen Sinn, d.h. auf die aktive Beteiligung des tugendsamen und pflichtbewussten Bürgers und nicht auf eine bestimmte Staatsform ausgerichtet.[5] Dies machte Schiller später zur idealen Besetzung der Rolle des allseits gefeierten ›unpolitischen‹ Freiheitsdichters einer Nation, die auf der Suche nach sich selbst Einigkeit und Recht und Freiheit – in dieser Reihenfolge – mehr von ihren souveränen Fürsten verlangte, als es selbst erkämpfen wollte. Schiller hat die deutsche Ideologie, das angebliche Zusammenspiel von Geist und Macht, nicht gewollt. Er hat jedoch mit seinem Insistieren auf der Politikferne des Dichters, nicht des Staatsbürgers, eine Haltung provoziert, die den deutschen Bildungsbürgern den Vorwand lieferte, sich von den politischen Machtspielen fernzuhalten und im imaginären Reich des schönen Scheins, des Wahren, Schönen und Guten, Erfüllung zu suchen. Im Folgenden wird gezeigt, dass Schiller sehr wohl politisch agierte und sich auf die Kunst konzentrierte, um der weltbürgerlichen Freiheit zum Durchbruch zu verhelfen.

I. Der Geschichtsschreiber der Freiheit

Im Dezember 1788 erklärte Schiller Caroline von Beulwitz, der Schwester seiner künftigen Frau Charlotte von Lengefeld, die Geschichtserzählung besitze gegenüber dem Roman den Vorzug der Wahrheit: »Es fragt sich nur, ob die innere Wahrheit, die ich die philosophische und Kunstwahrheit nennen will, und welche in ihrer ganzen Fülle im Roman oder in einer andern poetischen Darstellung herrschen muß, nicht eben soviel Werth hat als die historische«. Sie werde gefühlt, ohne dass entsprechende Begebenheiten stattgefunden haben müssten. »Die Geschichte ist überhaupt nur ein Magazin für meine Phantasie, und die Gegenstände müssen sich gefallen lassen, was sie unter meinen Händen werden.«[6] Der Universalhistoriker Schiller stand unter dem Eindruck des Kantschen Diktums, dass es möglich sei und sinnvoll sein könne, das vergangene Geschehen so zu erzählen, als ob es zur weltbürgerlichen Freiheit strebe.[7]

Schiller schloss anhand der überlieferten Quellen von Wirkungen auf tatsächliche oder vermeintliche Ursachen und Motive, und er formte eine chronologisch strukturierte, sinnvolle Erzählung in freiheitlicher Absicht. Der Historiker nehme »die Harmonie aus sich selbst heraus« und verpflanze »sie ausser sich in die Ordnung der Dinge d.i. er bringt einen vernünftigen Zweck in den Gang der Welt, und ein teleologisches Prinzip in die Weltgeschichte.«[8] Schiller konstruierte und machte Geschichte, indem er die überlieferten Bruchstücke zu seinem die Zukunft verbürgenden Narrativ fortschreitender weltbürgerlicher Freiheit zusammenfügte, wo Gesetze regieren, die sich der freie Mensch aus eigener Einsicht gegeben hat.[9] Jeder war aufgefordert, »zu dem reichen Vermächtniß von Wahrheit, Sittlichkeit und Freyheit, das wir von der Vorwelt überkamen und reich vermehrt an die Folgewelt wieder abgeben müssen, auch aus unsern Mitteln einen Beytrag zu legen«[10].

Schiller kannte die unterschiedlichen Ausprägungen und die Ambivalenzen der Freiheit. Ihn interessierte besonders, wenn die individuelle mit der kollektiven Freiheit in Konflikt geriet. In seinen frühen Dramen fordert Marquis Posa die Befreiung der Niederlande, Gedankenfreiheit und den Vorrang der Verfassung, doch um seine Ziele zu erreichen, ignoriert auch er die Freiheit der anderen, manipuliert und intrigiert.[11] Freiheit ist bei Schiller korrumpierbar; sie ist stets gefährdet und alles andere als ein Erfolgsmodell: In den *Räubern* führt der Freiheitsdrang ins Chaos, im *Fiesko*, einem »republikanischen Trauerspiel«, wird die Kunst für den Staat vereinnahmt und der Freiheitsheld zum Despoten, in *Kabale und Liebe* wird die Freiheit aufs Jenseits verwiesen.[12]

Der als Dramatiker berühmt, aber nicht reich gewordene Schiller wandte sich 1787 der Geschichte zu,[13] weil er seine historischen und literarischen Interessen verbinden und endlich das Geld verdienen wollte,[14] das ihm eine bürgerliche Existenz ermöglichte, ohne sich »auszuschreiben«. Für ein Schauspiel brauche er die »ganze Seele und alle meine Zeit. Zu einer z.B. historischen Arbeit tragen mir Bücher die Hälfte bei.«[15] Sieben Jahre später argumentierte er ganz ähnlich: Zum Philosophieren reiche der halbe Mensch, »die andere Hälfte kann ausruhen; aber die Musen saugen einen aus.«[16]

In seiner ersten Monographie *Die Geschichte des Abfalls der vereinigten Niederlande von der spanischen Regierung* thematisierte Schiller Freiheit, republikanische Selbstregierung und den Kampf für das Vaterland gegen Fremdherrschaft und Despotismus.[17] Mit der Selbst- und Mitbestimmung der Führungsschichten und dem freien Staateneuropa als Alternative zur drohenden Universalmonarchie der Habsburger beschäftigte er sich in seiner zweiten großen Monographie *Geschichte des dreyßigjährigen Kriegs.*[18] Die Menschenfreiheit wird in seiner berühmten Jenaer Antrittsvorlesung und in seinen kleineren historischen Arbeiten (wie *Die Gesetzgebung des Lykurgus und Solon*) thematisiert.[19]

Mit den zeittypischen Diskussionen um die Bändigung von Herrschaft durch Gesetze, Mitbestimmung und Gewaltenteilung war Schiller bestens vertraut. Schon bei Solon fand er das Prinzip, das für alle Staaten gelten sollte, »sich selbst die Gesetze zu geben, denen man gehorchen soll, und die Pflichten des Bürgers aus Einsicht und aus Liebe zum Vaterland, nicht aus sklavischer Furcht vor der Strafe, nicht aus blinder und schlaffer Ergebung in den Willen eines Obern zu erfüllen.«[20] Mit der Forderung nach Anverwandlung des Sollens in Wollen zielte er nicht auf die demokratische Volksherrschaft, sondern auf das Regiment einer durch Besitz, Verdienst und Leistung ausgezeichneten, dem bürgerlichen Tugendkanon verpflichteten Elite. Immerhin lebten aus seiner Sicht um 1790 alle europäischen Menschen in Frieden: Staaten und Nationen seien nicht mehr in feindseligem Egoismus abgesondert. »Alle denkenden Köpfe verknüpft jetzt ein weltbürgerliches Band«.[21] Machtpolitik und äußere Sicherheit schienen ihm kein drängendes Problem.

Der durch die Geschichte scheinbar verbürgte Weg zur Freiheit in Frieden war für Schiller das Spezifikum der

abendländischen Entwicklung. Am Beginn des Mittelal-
ters hatten römische und päpstliche Herrschsucht mit der
germanischen Freiheit gerungen: »kräftig wehrt sich der
deutsche Geist gegen den herzumstrickenden Despotismus, der den zu früh ermatteten Römer erdrückte«.[22] Mit
den Kreuzzügen habe die einzigartige Symbiose von Freiheit und Kultur begonnen. »Rom und Athen gehen aus dem
Bürgerkriege zur Knechtschaft über – das neue Europa zur
Freiheit.«[23] Mit der Erklärung der Menschen- und Bürger-
rechte am Beginn der Französischen Revolution hatte diese
Freiheit ein neues Niveau erreicht. Es herrschte – so Schiller 1790 – »Menschenfreiheit«, »ein Gut, das [...] an Werte
zunimmt, je größer die Anzahl derer wird, die es mit uns
teilen«.[24] Jetzt war die Probe aufs Exempel möglich; die
Freiheit konnte sich in der Wirklichkeit und nicht mehr nur
in Gedanken bewähren. Es musste sich zeigen, ob der alte
europäische Freiheitsdrang noch vorhanden war, um die
von Humanismus und Aufklärung lange vorbereitete weltbürgerliche Freiheit zu verwirklichen. Schiller fragte in einer genialen Formulierung: »Wie schwer ist es also, daß die
Staaten die *Erleuchtung* abwarten, daß die *späte* Vernunft
die *frühe* Freiheit noch findet?«[25]

Das war offensichtlich nicht der Fall, denn es folgte
der Absturz: Nicht die freiheitliche Ordnung, der Mensch
versagte. Er hielt aus Egoismus, Habgier und Rachsucht
dem Druck der Freiheit und Selbstbestimmung zum gemeinen Besten nicht stand. Schiller musste einsehen, dass
die Zeit noch nicht reif war. Sein Vertrauen in die Vernunft
der Menschheit und in ihre ständige Fort- und Höherent-
wicklung wurde von der Realität enttäuscht; die Barbarei
kehrte schlimmer denn je zurück. Mit dem jakobinischen
Terror erledigte sich Schillers Geschichts- und Freiheitsop-
timismus. Er arbeitete weiter als geschichtlich orientierter

Dichter, aber er beendete sein Dasein als Historiker. Schiller überlegte, nach Paris zu reisen, um als Schriftsteller den inhaftierten König Ludwig zu verteidigen,[26] denn es gebe Zeiten, »wo man öffentlich sprechen muß«.[27] Später reimte er in einem seiner bekanntesten Gedichte gegen den revolutionären Umsturz:

> Wo rohe Kräfte sinnlos walten,
> Da kann sich kein Gebild gestalten;
> Wenn sich die Völker selbst befrein;
> Da kann die Wohlfarth nicht gedeihn.[28]

Die Menschen waren unter dem Druck der Freiheit in längst überwunden geglaubte Verhaltensweisen zurückgefallen – ein Absturz in die Barbarei, der mit politischen Mitteln allein nicht zu korrigieren war. Dem Historiker Schiller gelang es nicht mehr, »einen vernünftigen Zweck in den Gang der Welt, und ein teleologisches Prinzip in die Weltgeschichte« zu bringen.[29] Er verabschiedete sich von der Idee, die Vergangenheit als zusammenhängende Einheit auf dem Weg zur Freiheit begreifen und darstellen zu können. Die Konstruktion der Geschichte konnte gegen die empirische Evidenz das als Ziel beizubehaltende Freiheitsideal nicht mehr beglaubigen. Die Gründe der Fehlentwicklung lagen für Schiller auf der Hand; es kam nun darauf an, die Weichen für den Weg in die Freiheit neu zu stellen.

II. Der Philosoph der Freiheit

Da es keinen steten Fortschritt zur Freiheit gab, konnte
die Geschichtsschreibung ihn nicht bezeugen. Es mussten
andere Mittel gefunden werden, um die Menschen dazu zu
bringen, die Freiheit nicht nur zu wollen, sondern verant-
wortungsvoll mit ihr umzugehen. Die Humanisierung der
Gesellschaft setzte die Humanisierung der Bürger voraus,
die Schiller mit dem ihm höchst vertrauten Medium – der
schönen Kunst – erreichen zu können glaubte.[30] Er orien-
tierte sich an der Einsicht Kants, dass Schönheit im freien,
interesselosen Spiel der Einbildungskraft entstehe, sowie
an Johann Georg Sulzer, für den das sinnliche Empfinden
für das Schöne erzieherische Wirkung entfalte, zum Erkennen des Wahren und Guten führe[31] und das Sittliche bewir-
ke. Darüber hinaus folgte er Karl Philipp Moritz, mit dem
er Ende 1788 lange über die Autonomie des Kunstwerkes
gesprochen hatte. Schiller ging von der Erfahrung aus, dass
tugendhaftes und sittliches Verhalten stets für schön gehalten werde. Was unter Zwang geschehe oder so erscheine,
gelte hingegen nicht als schön. Die anleitende Erziehung
durch den schönen Schein der Künste, Literatur und Wissenschaften konnte zumindest den als Schönheit im Um-
gang erläuterten guten Ton bewirken. Dessen erstes Gesetz
laute: »Schone fremde Freiheit.«[32] Zusammen mit Goethe
idealisierte Schiller fortan Kultur als das Schöne, Wahre
und Gute, dem Kriege und Not, die Tages- und Parteien-
politik nichts anhaben konnten.

Schillers Gedanken finden sich in den Briefen an seinen Gönner, Herzog Friedrich Christian von Holstein-
Sonderburg-Augustenburg, und in den aus ihnen hervor-
gegangenen Briefen *Ueber die ästhetische Erziehung des
Menschen*. Er reflektiert, dass Schönheit prinzipiell positiv

wirke, weil sie im freien Spiel der Kräfte zwischen Vernunft und Gefühlen vermittele. Da die Natur keine »Freiheit in der That, sondern bloß Freiheit in der Erscheinung« besitze, sei Schönheit nichts anderes als ein schöner Schein.[33] Im Februar 1793 vermutete er jedoch: »Auch die Schönheit, dünkt mir, muß wie die Wahrheit und das Recht auf ewigen Fundamenten ruhen«.[34] Darauf baute seine »ästhetisch fundierte Staatstheorie«[35] auf – eine politische Alternative zu Revolution und bloßem Beharren.

Für Schiller besaßen die Menschen das Recht, den Naturstaat, der den Gesetzen des Stärkeren verpflichtet ist, durch den frei gewählten sittlichen Staat zu ersetzen, in dem sich die zuvor gegeneinander wirkenden Kräfte in der Balance hielten. Wäre

> die politische Gesetzgebung der Vernunft übertragen, der Mensch als Selbstzweck respektiert und behandelt, das Gesetz auf den Thron erhoben, und wahre Freiheit zur Grundlage des Staatsgebäudes gemacht worden, so wollte ich auf ewig von den Musen Abschied nehmen, und dem herrlichsten aller Kunstwerke, der Monarchie der Vernunft, alle meine Thätigkeit widmen.[36]

Die »Ereignisse der Zeit« raubten Schiller freilich »alle Hofnungen dazu auf Jahrhunderte«.[37] Das französische Volk habe seine Unwürdigkeit gezeigt und einen Teil Europas »und ein ganzes Jahrhundert, in Barbarey und Knechtschaft zurückgeschleudert«. Der Moment war günstig, »aber er fand eine verderbte Generation, die ihn nicht werth war, und weder zu würdigen noch zu benutzen wußte.« Die Menschen, nicht nur die Franzosen, waren nicht reif für die bürgerliche Freiheit, weil ihnen »noch so vieles zur menschlichen fehlt«.[38] Die Rohheit der niederen Klassen sei nur durch Zwang zu bändigen. »Es waren also nicht freye Menschen, die der Staat unterdrückt hatte, nein, es waren bloß wilde Thiere, die er an heilsame Ketten legte«.[39] Die Aufklärung habe bloß theoretisch gewirkt und die Gesinnung nicht veredelt, sondern die Verderbnis systematisiert und sie unheilbar gemacht. Nur das »Gleichgewicht der Laster« halte das Ganze zusammen.[40] Die beste Verfassung nütze nichts, wenn sie nicht beachtetet werde.

Im gleichen Brief vom 13. Juli 1793 schrieb Schiller dem Herzog von Augustenburg den Satz, der wie in Stein gemeißelt für alle Zeiten gilt:

> Politische und bürgerliche Freiheit bleibt immer und ewig das Heiligste aller Güter [...] und das große Centrum aller Kultur – aber man wird [...] damit anfangen müssen für die Verfassung Bürger zu erschaffen, ehe man den Bürgern eine Verfassung geben kann.[41]

Für Schiller verursachte und beförderte die arbeitsteilige Gesellschaft die Trennung; der moderne Mensch war innerlich zerrissen und in Rollen gespalten. Er existierte nur in Bruchstücken, war sich selbst und dem humanen Ganzen entfremdet; er frönte seiner Habgier und seinen egoistischen Trieben ohne Rücksicht auf seine Nachbarn und die gesellschaftlichen Konsequenzen, nur im Zaum gehalten durch die Angst vor Strafen.

Dieses Verhalten war eine Begleiterscheinung der Moderne, der vor allem von Goethe gegeißelten veloziferischen Dynamik des Immer-Schneller und Immer-Mehr. Diese Entwicklung ließ sich nur um den Preis von Stagnation und Rückschritt stoppen, zumal auch neue wissenschaftliche Erkenntnisse die Trennung weiter vorantrieben. Die »Grenzen der Kunst verengen sich, jemehr die Wissenschaft ihre Schranken erweitert.«[42] Im Gedicht *Die Künstler* monierte er, dass die Künste, die durch das Schöne in das Land der Erkenntnis vorgestoßen seien und den Fortschritt eingeleitet hätten, nun von den Wissenschaftlern dominiert und zurückgedrängt würden.[43]

Um die Spaltung des Menschen und der Gesellschaft aufzuheben, ohne die Rationalitäts- und Wohlstandsgewinne aufzugeben, war eine neue Harmonie zwischen Verstand und Gefühlen nötig. Da sich Haltungen und Empfindungen nicht verordnen ließen, mussten die Menschen dazu gebracht werden, sich selbst zur Humanität und Freiheit zu bilden, um das Vernünftige nicht aus Zwang zu tun, sondern es zu wollen. Wenn also der schöne Schein der Kunstwerke zur inneren Balance führte, war die ästhetische Vervollkommnung das Mittel, das den Menschen für das Schöne empfänglich machen und dadurch wieder zu einem Ganzen formen und zu sich selbst bringen konnte. Über die Schönheit ließen sich die für die wahre Freiheit unabdingbaren bürgerlichen Tugenden – Rücksicht, Redlichkeit, die Liebe zu allen Menschen etc. – in jedem Individuum verankern.[44] Die schönen Künste waren ein vom menschlichen Willen nicht zu beeinflussendes Reparaturwerkzeug. Sie »erfreuen sich einer absoluten Immunität von der Willkühr der Menschen. Der politische Gesetzgeber kann ihr Gebiet sperren, aber darinn herrschen kann er nicht.«[45] Da die Freiheit jedoch den Pöbel zügellos machte, wurde der eigentlich der Vernunft widersprechende Zwangsstaat weiterhin benötigt, um die gesetzliche Ordnung zu garantieren. Er musste die Symptome einer Fehlentwicklung unterdrücken und die Sicherheit garantieren, die erst den Übergang in den ästhetischen Staat ermöglichte. »Das lebendige Uhrwerk des Staats muß gebessert werden, indem es schlägt, und hier gilt es, das rollende Rad während seines Umschwunges auszutauschen.«[46] Die Befreiung von der Willkürherrschaft hatte die Menschen lediglich »ent-fesselt«, nicht wirklich frei gemacht, denn sie ließen ihren Trieben freien Lauf.[47]

Nur in der fortdauernden Zwangsordnung konnte der
schöne Schein das Herz und den Kopf erreichen, die all-
seitige Bildung und Vervollkommnung bewirken und die
Menschen zur Schönheit und Freiheit befähigen. Indem
die Menschen sich auf die Kunst einließen, verschwanden
alle Nützlichkeitskalküle und Entfremdungen der arbeits-
teiligen Gesellschaft. Das so erreichte Gleichgewicht zwischen Normen und Gefühlen ermöglichte dann den Übergang »von der Herrschaft bloßer Kräfte zu der Herrschaft
der Gesetze.«[48] Der gebildete Mensch war in der Lage, seine
eigenen mit den Freiheitsansprüchen der anderen in Einklang zu bringen und unter der frei gewählten Gesetzes-
herrschaft friedlich zu leben.

> Die Künste, die an goldnen Ringen
> Ihn aufwärts zu der Freiheit ziehn,
> und durch den Reiz veredelter Gestalten
> ihn zwischen Erd und Himmel schwebend halten.[49]

Der schöne Schein vermittelte laut Schiller zwischen dem
sinnlichen oder »Stofftrieb«, der sich die äußeren Impulse
anverwandeln wolle, und dem »Formtrieb«, der solche
Übernahmen an Wahrheit und Recht messe, um die eigene Identität zu bewahren. Letztlich aber sei es der »Spieltrieb«, der den Zirkel – Freiheit als Ziel und Bedingung der
Freiheit – durchbreche, weil »er nicht auf den Staatsbürger in dem Menschen, sondern auf den Menschen in dem
Staatsbürger zielt.«[50] »Sie [die Poesie] soll das Herz treffen,
weil sie aus dem Herzen floß, und nicht auf den Staatsbürger in dem Menschen, sondern auf den Menschen in dem
Staatsbürger zielen.« Nur im Spiel werde der Mensch zum
Menschen, der den schönen Schein ohne moralische Im-
plikationen in seinem Eigenwert würdige und der Freiheit
den ihr gebührenden Platz einräume. Diese Erfahrung – so

das Kalkül Schillers – werde sich auf die Lebenswirklichkeit übertragen. Wer Schillers Briefe zur ästhetischen Erziehung als »Programmschrift des Apolitizismus der Weimarer Klassik« liest,[51] verfehlt ihre Intention der politischen Erziehung im Rücken der Subjekte.

Mit seinem neuen Journal *Die Horen* wollte Schiller die Leser im Geist der Schönheit und Wahrheit unterhalten und ihren Geschmack heben, ohne politisch Partei zu ergreifen.[52] Der schöne Schein sei von tages- und machtpolitischen Zwecken freizuhalten, weil er nur wirken könne, wenn er nicht funktionalisiert werde. Allein im Spiel erzeuge die Schönheit die Harmonie, die Egoismus und Begehrlichkeiten mit den verfügbaren Ressourcen in Einklang bringe. Da sich die Menschheit an den Abgrund manövriert habe, müsse sich – wie Schiller dem Herzog von Augustenburg am 13. Juli 1793 schrieb – jeder »Selbstdenker« für Politik interessieren, denn dort werde über die Gesetze entschieden, »die er als mitbestellter Repräsentant der Vernunft zu diktieren berechtigt und aufrecht zu erhalten verpflichtet ist.«[53] Jeder freie, die bürgerlichen Tugenden achtende Mensch war berechtigt, sich selbst gemäß den Geboten der Vernunft zu regieren. Daraus erwuchs die Pflicht, als Patriot und Weltbürger die bestehende Ordnung zu beachten und gegen Angriffe zu verteidigen. Der Untertanen-Bürger konnte sich vom politischen Tagesgeschäft nicht abkoppeln. Er war ein Teil davon. Das galt auch für den Schriftsteller, der nur in seiner Rolle als Dichter Distanz zur Machtpolitik wahren musste, um nicht parteiisch zu erscheinen und den Anspruch auf die höhere Wahrheit der Kunst einzubüßen. Darüber hinaus betonte Schiller, dass sich eine freie Gesellschaft nicht auf Revolution und Umsturz gründen könne. Der »philosophische Untersuchungsgeist« müsse sich deswegen mit dem »vollkommensten

aller Kunstwerke, mit dem Bau einer wahren politischen
Freyheit [...] beschäftigen«, denn »die Kunst ist eine Toch-
ter der Freyheit.«[54]

Die Französische Revolution war zwar an der Unzuläng-
lichkeit der Bürger gescheitert, hatte aber auch die Ursachen der Fehlentwicklung aufgedeckt und dadurch gezeigt,
dass und wie Freiheit möglich sein konnte.[55] Der »Staat des
schönen Scheins« und der Freiheit existierte für Schiller

> [d]em Bedürfniß nach [...] in jeder feingestimmten Seele; der That
> nach möchte man ihn wohl nur, wie die reine Kirche und die reine
> Republik in einigen wenigen auserlesenen Zirkeln finden [...], wo der
> Mensch [...] weder nöthig hat, fremde Freyheit zu kränken, um die
> seinige zu behaupten, noch seine Würde wegzuwerfen, um Anmuth
> zu zeigen.[56]

Doch zwischen dieser »Auswahl einer Nation und der Masse
derselben [ist] ein sehr großer Abstand sichtbar« und dieser
lasse sich nur schließen, indem der Dichter oder Künstler
an entsprechenden Stoffen zeige, »was im Menschen bloß
menschlich ist.«[57]

III. Der Dramatiker der Freiheit

In *Ueber Anmuth und Würde* reflektiert Schiller über Formen, in denen »Sinnlichkeit und Vernunft, Pflicht und Neigung harmonieren.«[58] Ob er dabei einzelne Jenaer Zirkel wie
denjenigen der freien Männer oder gar Deutschland als vorbildhafte Vorreiter im Blick hatte, ist strittig.[59] Die von ihm
maßgeblich mitbestimmte klassische Ästhetik basierte auf
der Hoffnung, im Spiel der Kunst werde das Wahre, Schöne
und Gute siegen und die trennenden Gegensätze aufheben.
Auf dieser Grundlage wurde Schiller zum gefeierten Dra-

matiker. *Wallensteins Lager* war hoch aktuell. Die Not der Koalitionskriege ließ sich mit derjenigen im Dreißigjährigen Krieg vergleichen. Schiller inszenierte nun das vergangene Geschehen als Exempel des schönen Scheins, um die sittliche Wirkung hervorzurufen, die er mit seiner Geschichtsschreibung nur hatte beglaubigen können. Im *Prolog* verdeutlicht er sein Anliegen, denn »in diesen Tagen« zerfiel die »alte feste Form« des Westfälischen Friedens.[60] Das Reich war in eine nördliche Friedens-, eine südliche Kriegszone und die von Frankreich annektierten linksrheinischen Gebiete gespalten. Preußen hatte 1795 den Baseler Frieden mit den Französischen Revolutionären geschlossen und auch Österreich musste wenig später die Gebietsabtretungen an Frankreich anerkennen. Als politische Handlungseinheit gab es den Reichs-Staat, das Reich deutscher Nation, nicht mehr. Und ob Sprache, Ethnie und Kultur ohne einen politisch-staatlichen Rahmen Deutschland auf Dauer erhalten konnten, schien zweifelhaft.[61] Der Dichter Schiller führte sein Publikum deshalb auf einen »höhern Schauplatz«,

> Wo wir den Kampf gewaltiger Naturen
> Um ein bedeutend Ziel vor Augen sehn,
> Und um der Menschheit große Gegenstände
> Um Herrschaft und um Freiheit wird gerungen,
> Jetzt darf die Kunst auf ihrer Schattenbühne
> Auch höhern Flug versuchen, ja sie muß,
> Soll nicht des Lebens Bühne sie beschämen.[62]

Nicht der Inhalt, sondern die ästhetische Form, die Zutat der Kunst, bietet Trost und Hoffnung: »Ernst ist das Leben, heiter ist die Kunst.«[63] Schiller schrieb nun beinahe jedes Jahr ein Werk für das Theater, das im historischen Gewand die aktuelle Freiheitsmisere thematisierte. Das lässt sich am *Wallenstein* exemplarisch verdeutlichen. Der Titelheld

will das Reich weder zerstückeln noch einer fremden Macht
in die Hände spielen, sondern es für den Kaiser retten.
Deswegen muss er handeln, als ob er diesen verraten wolle. Das Reich als ein freies, weder ausländischen Mächten
noch dem Kaiser unterworfenes Vaterland bleibt der Be-
zugspunkt einer Kriegshandlung, die im letzten Teil – wie
Goethe anerkennend bemerkte – »aufhört politisch zu seyn
und blos menschlich wird.«[64] Wallenstein muss sterben,
weil er den Anschein erweckt, dem Kaiser nicht mehr zu
gehorchen. Octavio Piccolomini vertritt dagegen die unbe-
dingte Loyalität zum Reichsoberhaupt, die ihn zum Verrat
an seinem militärischen Vorgesetzten zwingt. Octavios von
Schiller erfundener Sohn Max lehnt das Verhalten des Va-
ters ab; er will die politischen Winkelzüge durchkreuzen.
Sein Friedenstraum scheitert, weil Wallenstein keinen Frieden stiften kann, den der Kaiser nicht will. Octavio verrät
Wallenstein, dieser den Kaiser, und er fordert von Max,
sich zwischen ihm und dem Vater zu entscheiden. Der erwi-
dert erschrocken: »Mein General! – Du machst mich heute
mündig.«[65] Um dem Dilemma zu entgehen, stürzt er sich
in den Kampf und fällt. Der Tod befreit vom Zwang, sich
entscheiden zu müssen.

Nach der *Wallenstein*-Trilogie mied Schiller in seinen
Dramen Themen aus der deutschen Vergangenheit. Seine
Werke ließen sich allerdings auch im fremden historischen
Umfeld auf die deutsche Gegenwart beziehen. Das gilt vor
allem für *Wilhelm Tell*. Inhaltlich dominiert hier der Kampf
um die Schweizer Freiheit, die der habsburgische Kaiser
den Kantonen genommen hat. Die Männer der drei Urkantone schwören, als ein einiges Volk von Brüdern lieber zu
sterben als in Knechtschaft und unter dem Despotismus
zu leben, den der Landvogt Geßler ausübt. Das Gemeinwe-
sen verändert sich freilich durch den Aufstand. »Das Alte

stürzt, es ändert sich die Zeit / Und neues Leben blüht aus den Ruinen.«[66] Die republikanische Freiheit des Bundes entwertet den Adel, weil nun auch die landbesitzenden Bürger ihre Freiheit eigenverantwortlich selbst verteidigen. Schiller überblendet in seinem letzten fertiggestellten Drama Ziele der Französischen Revolution mit Appellen zur inneren Einigkeit, um den fremden despotischen Herrscher zu besiegen, der sich leicht als Napoleon identifizieren ließ. Die drei Urkantone wehren sich gegen eine Tyrannei, die auf gesetzlichem Weg nicht zu beenden ist. Für die höhere Gerechtigkeit kündigen sie die geltende Ordnung auf. Straffrei ist das nur, wenn sie siegen. Seine Dramatik gewinnt das Stück aber aus den individuellen Motiven des Todesschusses. Der freie, merkwürdig unpolitisch gegen das offensichtliche Unrecht streitende Titelheld hat sich nicht an dem Schwur beteiligt. Erst die Bedrohung seiner Familie führt Tell zu dem Entschluss, den Tyrannen Geßler zu töten. Das ermöglicht zwar die Veränderungen zum Guten, aber das Motiv war privater Natur. Nach der Tat schweigt Tell. Gibt es Vergebung, wenn die Bluttat die Humanität im Ganzen wiederherstellt?[67]

Indem Schiller Tell private Gründe vorschob, vermied er, dass sein Stück als Aufforderung zum Tyrannenmord gelesen wurde. Das hatten die Deutschen aus seiner Sicht nicht nötig, denn sie waren den anderen Völkern auf dem Weg zur weltbürgerlichen Freiheit ein gutes Stück voraus. Dieses Vorbildhafte thematisierte Schiller in einem Fragment gebliebenen Gedicht, das erst viel später – nach der Reichsgründung 1871 – den Titel *Deutsche Größe* erhielt.[68] Ihm ging es hier wie den Romantikern um die historische Mission der Deutschen bei der Formierung einer dem Geist und der Kultur, nicht imperialistischer oder kapitalistischer Macht verpflichteten transnationalen Ordnung. »Deut-

sche Größe« heiße nicht »mit dem Schwert«, sondern über
Vorurteile und falsche Traditionen »[o]bzusiegen«.[69] Der
durch Schönheit zur Harmonie gebildete Deutsche führe
keine Eroberungskriege, weil er, auf einem höheren Level
angekommen, diese für unnötig halte. Stattdessen schrieb
er die germanisch-deutsche Freiheit fort, die Gehorsam
nur gegenüber den selbstgegebenen Gesetzen forderte. Die
Deutschen − auch die Schweizer − benötigten weder einen
mächtigen Staat oder einen Zwingherrn noch einen großen
Gesetzgeber; sie waren auch ohne einen Solon und ohne politischen Mittelpunkt auf dem richtigen Weg zur Weltbür-
gernation.

> Freiheit der Vernunft erfechten,
> Heißt für alle Völker rechten,
> Gilt für alle ewge Zeit.[70]

Wer wollte widersprechen? Der Grat zwischen einer die
Werte der Menschheit verkörpernden Nation und dem
nationalistischen Appell, deutsche Muster zu übernehmen,
ist allerdings schmal. Er löst sich vollständig auf, wenn −
wie im Wilhelminischen Kaiserreich − die Macht den Geist
funktionalisiert. Schiller hat diese Abgründe offensichtlich
erkannt und das Fragment liegengelassen.

IV. Geschichte, Schönheit und Freiheit

Als in Jena Johann Gottlieb Fichte im Zusammenhang des
Atheismusstreites unter Druck geriet, wollte Schiller ver-
mitteln. Er erläuterte dem Philosophen ganz im Sinne der
Staatsräson, Herzog Carl August von Sachsen-Weimar-
Eisenach wolle die »Freiheit im Schreiben« nicht ein-
schränken, wünsche aber, »gewisse Dinge nicht auf dem

Katheder« zu sagen. Fichte hätte seine Meinung »über die Religion in einer besondern Schrift ruhig« erklären sollen. »Eine aufgeklärte und gerechte Regierung kann keine theoretische Meinung, welche in einem gelehrten Werke für Gelehrte dargelegt wird, verbieten.«[71] Der Herzog interpretierte die Wissenschaftsfreiheit analog zur Zensur. Was in dicken Folianten über Freiheit und Demokratie geschrieben wurde, musste nicht reglementiert werden, weil es ohnehin nur in den kleinen Zirkeln der Gelehrten rezipiert wurde. Bei öffentlichen politischen Meinungsäußerungen der Gelehrten in Predigten oder in der Lehre sah das allerdings anders aus. Gerade in unruhigen Zeiten wie um 1800 musste aus Sicht Carl Augusts rechtzeitig eingegriffen werden, damit die Herrschaftsordnung keinen Schaden nahm. Die Theorie und die Praxis der Freiheit klafften weit auseinander. Fichte vermutete ganz zu Recht, dass man mit ihm keinen Atheisten, sondern den Freidenker und Demokraten verfolge, der anfange, sich dem Volk verständlich zu machen.[72]

Nach Schillers Tod opferten die deutschen Dichter vermehrt auf dem Altar des Vaterlandes, forderten staatliche Einheit, verkündeten ein ›Deutschland über alles‹ und wollten am ›deutschen Wesen‹ die Welt genesen lassen. Wo das hinführte, ist bekannt. Fatal war, dass diejenigen, die den nationalistischen Überschwang nicht teilten, nicht dagegen opponierten, sondern es sich unter Verweis auf die angeblich unpolitischen Klassiker in der angeblich höheren Sphäre des Guten, Wahren und Schönen, der Bildung und der Hochkultur gemütlich einrichteten. Die Distanz der deutschen Bildungsbürger zur Politik spiegelte sich auch in den Ideen von 1914 und spielte schließlich den Nazis in die Karten.[73] Macht und Geist, Berlin und Weimar fanden nur rhetorisch zusammen. Tatsächlich unterwarf sich die Macht den Geist. Die Intellektuellen glaubten sich überlegen und waren ausmanövriert, als es darauf ankam.

Buchenwald, das deutsche Menschheitsverbrechen, liegt für immer zwischen uns und Weimar,[74] zwischen den Deutschen, die sich an der Spitze auf Schillers idealem Weg wähnten, und der übergroßen Mehrheit der Deutschen, die nach 1945 mit dem neuen Leitbild des »Nie wieder« verstanden zu haben scheinen. Der schöne Schein, den die Klassiker verbreiteten, war nicht schuld am Nazi-Terror, konnte diesen aber auch nicht verhindern. Das vergangene Geschehen lässt sich nicht überlisten; Geschichte ist die Realität, die jeder, der sich darauf beruft, als Erfahrung, Mahnung oder Hoffnung mitgestaltet und die unter diesen Vorgaben und unter Beachtung der Quellen die Zukunft beglaubigen kann. Schillers Diagnose bleibt richtig. Die Menschen müssen auf die Freiheit vorbereitet werden, wenn freiheitliche Verfassungen auf Dauer erfolgreich sein sollen. Ohne den vernünftig mit der Freiheit umgehenden Bürger und ohne erkennbare Säkularisierungs- und Pluralisierungstendenzen der Gesellschaft werden sich mittelfristig die alten religiösen oder autoritären Muster behaupten, die vor Ort mit eigener oder fremder Gewalt auftreten. Die »Zeitenwende« des russischen Krieges gegen und in der Ukraine zeigt aber auch, dass es Frieden und Freiheit ohne Waffen nur geben kann, wenn dies auch dem ›bösen‹ Nachbarn gefällt. Autoritäre und verbrecherisch agierende Regime setzen andere Prioritäten. Sie neigen dazu, ihre Macht und das Wohlwollen des unterdrückten Volkes durch Berufung auf eine Welt voller Feinde und die scheinbar bessere Vergangenheit zu stabilisieren, die nur durch innere Einheit und die Befreiung, also die Eroberung eines als eigen reklamierten Großraumes zurückzugewinnen sei. Nur wenn dieses Deutungsmuster aufgebrochen wird, sind Angriffskriege, staatlicher Terror und die Barbarei im Namen der Freiheit von angeblichen fremden Übergriffen und selbst inszenierten Bedrohungen zu beenden.

Schillers »durch Schönheit zur Freiheit« ist nicht die naive Formel eines der Wirklichkeit abgewandten Weltbürgers. Sie kann nur unter der Bedingung einer gesetzlichen Ordnung und als langfristiger Wechsel auf eine selbst gewollte Zukunft funktionieren. Wo Krieg, Hunger und Not, Unterdrückung, Informationskontrolle oder prekäre Lebensverhältnisse die Prioritäten setzen, sind Frieden, Sicherheit und materielle Hilfen die unabdingbaren Voraussetzungen der Freiheit. Literatur und Künste sind keine politischen Mächte, können jedoch mittel- und langfristig wirken, um Egoismen und Habgier zu dämpfen, und so bessere Voraussetzungen für Freiheit und Humanität schaffen.

Anmerkungen

1 Schiller an Christian Gottfried Körner, 3.9.1792. NA 26, 150. Vgl. Georg Schmidt: Friedrich Schiller und seine Geschichte des Dreißigjährigen Krieges. In: Klaus Manger und Gottfried Willems (Hrsg.): Schiller im Gespräch der Wissenschaften. Heidelberg 2005, S. 79–105. – Vgl. generell zum Folgenden ders.: Durch Schönheit zur Freiheit. Die Welt von Weimar-Jena um 1800. München 2022.

2 NA 26, 150.

3 Friedrich Schiller: *Ueber die ästhetische Erziehung des Menschen in einer Reihe von Briefen*, 9. Brief. NA 20, 309–412, hier S. 333.

4 Isaiah Berlin: Two Concepts of Liberty. In: Ders.: Four Essays on Liberty. Oxford 1969, S. 118–172.

5 Alexander Schmidt: Athen oder Sparta? Friedrich Schiller und der Republikanismus. In: Klaus Manger (Hrsg.): Der ganze Schiller – Programm ästhetischer Erziehung. Heidelberg 2006, S. 103–130.

6 Schiller an Caroline von Beulwitz, 10.12.1788. NA 25, 154.

7 Immanuel Kant: Idee zu einer allgemeinen Geschichte in weltbürgerlicher Absicht. In: Ders.: Schriften zur Anthropologie, Geschichtsphilosophie, Politik und Pädagogik. 4. Aufl. Wiesbaden 1964 (Bd. 6 der von Wilhelm Weischedel 1956–1964 hrsg. Werke in 6 Bde.), S. 33–50, hier S. 47.

8 Friedrich Schiller: *Was heißt und zu welchem Ende studiert man Universalgeschichte? Eine akademische Antrittsrede.* NA 17, 359-376, 374. Vgl. Karl-Heinz Hahn: Schiller als Historiker. In: Hans Erich Bödeker u.a. (Hrsg.): Aufklärung und Geschichte. Göttingen 1986, S. 388–415, hier S. 396 ff.

9 Friedrich Schiller: Universalhistorische Übersicht der vornehmsten an den Kreuzzügen teilnehmende Nationen, ihrer Staatsverfassung, Religionsbegriffe, Sitten, Beschäftigungen, Meinungen und Gebräuche. In: Ders.: Sämtliche Werke. Hrsg. von Gerhard Fricke und Herbert G. Göpfert. Bd. 4: Historische Schriften. 7. durchgesehene Aufl. München 1988, S. 843–863, hier S. 850, Anm. 1.

10 Schiller: *Was heißt und zu welchem Ende studiert man Universalgeschichte?* (Anm. 8). NA 17, 376.

11 Alexander Schmidt: »Herzensrepublikaner« und »Vernunftmonarchist«. Schillers Reflexion und Erfahrung fürstlicher Herrschaft. In: Ders.: Schiller und der Weimarer Hof. Marbach am Neckar 2008, S. 3–18, hier S. 9 f.

12 Dietrich Borchmeyer: Friedrich Schiller oder die Chance der Freiheit im »Notzwang der Begebenheiten«. In: Alice Stašková (Hrsg.): Fried-

rich Schiller und Europa. Ästhetik, Politik, Geschichte. Heidelberg 2007, S. 59–82, hier S. 62 ff.

13 Vgl. Peter-André Alt: Schiller. Leben – Werk – Zeit. 2 Bde. München 2000, hier Bd. 1, bes. S. 587–675.

14 Daniel Fulda: Wissenschaft aus Kunst. Die Entstehung der modernen deutschen Geschichtsschreibung 1760-1860. Berlin u.a. 1996, bes. S. 229–244.

15 Schiller an Körner, 18.1.1788. NA 25, 6.

16 Schiller an Goethe, 29.8.1795. NA 28, 37.

17 Georg Schmidt: Analogien bilden: Schillers Konzept der Universalgeschichte und seine *Geschichte des Abfalls der vereinigten Niederlande*. In: Stefan Ehrenpreis u.a. (Hrsg.): Wege der Neuzeit. Berlin 2007, S. 533–551.

18 Friedrich Schiller: Geschichte des Dreißigjährigen Krieges. In: Ders.: Werke, Bd. 4 (Anm. 9), S. 363–745.

19 Auch zum Folgenden Georg Schmidt: Ästhetische Geschichtsdeutung. Friedrich von Schiller und Carl Theodor von Piloty über den Dreißigjährigen Krieg. In: Axel Schröter (Hrsg.): Musik – Politik – Ästhetik. Sinzig 2012, S. 3–48.

20 Friedrich Schiller: *Die Gesetzgebung des Lykurgus und Solon*. NA 17, 414–444, hier 440. Vgl. Schmidt: Athen (Anm. 5).

21 Schiller: *Was heißt und zu welchem Ende studiert man Universalgeschichte?* NA 17, 366. Vgl. Nikolas Immer: Von der »Wohlthat [...], in Europa gebohren zu seyn«. Schillers elitärer Eurozentrismus. In: Schillers Europa, hrsg. von Peter-André Alt und Marcel Lepper unter Mitarbeit von Catherine Martin. Berlin, Boston 2017, S. 275–292.

22 Schiller: *Universalhistorische Übersicht* (Anm. 9), S. 848.

23 Ebd., S. 853.

24 Ebd., S. 845.

25 Ebd., S. 850. Vgl. Rüdiger Safranski: Schiller oder die Erfindung des deutschen Idealismus. München u.a. 2004, S. 330 f.

26 Jeffrey L. High: Schillers Plan, Ludwig XVI. in Paris zu verteidigen. In: Jahrbuch der deutschen Schillergesellschaft 39 (1995), S. 178–194.

27 Schiller an Körner, 21.12.1792. NA 26, 172.

28 Schiller: *Das Lied von der Glocke*. NA 2, 237.

29 Schiller: *Was heißt und zu welchem Ende studiert man Universalgeschichte?* NA 17, 374.

30 Schiller: *Ueber die ästhetische Erziehung*, 9. Brief. NA 20, 333.

31 Vgl. Astrid Ackermann: Paris, London und die europäische Provinz. Die frühen Modejournale 1770–1830. Frankfurt am Main 2005, S. 116 f.

32 Schiller an Körner, 23.2.1793. NA 26, 216. Vgl. Walter Müller-Seidel:

Friedrich Schiller und die Politik. »Nicht das Große, nur das Menschliche geschehe«. München 2009, S. 14.

33 Schiller an Körner, 8.2.1793. NA 26, 182. Vgl. Safranski: Schiller (Anm. 25), S. 357 f.

34 Schiller an Friedrich Christian von Holstein-Sonderburg-Augustenburg, 9.2.1793. NA 26, 183.

35 Walter Pauly: Gedanken politischer Ordnungsbildung in der deutschen Klassik. In: Ders. und Klaus Ries (Hrsg.): Politisch-soziale Ordnungsvorstellungen in der Deutschen Klassik. Baden-Baden 2018, S. 15–77, hier S. 27.

36 Schiller an Friedrich Christian von Holstein-Sonderburg-Augustenburg, 13.7.1793. NA 26, 261 f.

37 Ebd., 262.

38 Ebd.

39 Ebd., 263.

40 Ebd., 264.

41 Ebd., 265.

42 Schiller: *Ueber die ästhetische Erziehung*, 2. Brief. NA 20, 311.

43 Hans-Jürgen Schings: »Freyheit zu geben durch Freyheit«. In: Gerhard Schuster u.a. (Hrsg.): Wiederholte Spiegelungen. Weimarer Klassik 1759–1832, Bd. 2. München, Wien 1999, S. 513–523, hier S. 517.

44 Birgit Sandkaulen: Schönheit und Freiheit. Schillers politische Philosophie. In: Manger: Schiller (Anm. 1), S. 37–55, hier S. 49.

45 Schiller: *Ueber die ästhetische Erziehung*, 9. Brief. NA 20, 333.

46 Ebd., 3. Brief. NA 20, 314.

47 Sandkaulen: Schönheit (Anm. 44), S. 48.

48 Schiller: *Ueber die ästhetische Erziehung*, 3. Brief. NA 20, 315.

49 Schiller an Friedrich Christian von Holstein-Sonderburg-Augustenburg, 13.7.1793. NA 26, 266.

50 Schiller: *Ueber das Pathetische*. NA 20, 196–221, S. 219.

51 Wolfgang Harich: Schriften zur Kultur. Bd. 1. Baden-Baden 2020, S. 424.

52 Vgl. Günter Schulz: Schillers Horen. Politik und Erziehung. Analyse einer deutschen Zeitschrift. Heidelberg 1960; Terence James Reed: Ecclesia Militans: Weimarer Klassik als Opposition. In: Winfried Barner (Hrsg.): Unser Commercium. Goethes und Schillers Literaturpolitik. Stuttgart 1984, S. 37–55; Sylvia Kall: »Wir leben jetzt recht in Zeiten der Fehde«. Zeitschriften am Ende des 18. Jahrhunderts als Medien und Kristallisationspunkte literarischer Auseinandersetzung. Frankfurt am Main u.a. 2004.

53 Schiller an Friedrich Christian von Holstein-Sonderburg-Augustenburg, 13.7.1793. NA 26, 261.

54   Schiller: *Ueber die ästhetische Erziehung*, 2. Brief. NA 20, 311.

55   Hans Feger: Durch Schönheit zur Freiheit der Existenz – Wie Schiller Kant liest. In: Monatshefte 97 (2005), Nr. 3, S. 439–449, hier S. 449.

56   Schiller: *Ueber die ästhetische Erziehung*, 27. Brief. NA 20, 412.

57   Schiller: *Über Bürgers Gedichte*. NA 22, 245–264, hier 247 f.

58   Schiller: *Ueber Anmuth und Würde*. NA 20, 251–308, hier 288.

59   Aira Kemiläinen: Auffassungen über die Sendung des deutschen Volkes um die Wende des 18. und 19. Jahrhunderts. Helsinki 1956, S. 130.

60   Friedrich Schiller: *Prolog zu Wallensteins Lager: Gesprochen bei Wiedereröfnung der Schaubühne in Weimar im October 1798*. NA 2, 63.

61   Vgl. Georg Schmidt: Wandel durch Vernunft. Deutsche Geschichte im 18. Jahrhundert. München 2009, S. 211–251.

62   Schiller: *Prolog zu Wallensteins Lager*. NA 2, 62 f.

63   Ebd., 64. Vgl. Markus Hien: Altes Reich und neue Dichtung. Literarisch-politisches Reichsdenken zwischen 1740 und 1830. Berlin u.a. 2015, S. 432 f.

64   Goethe an Schiller, 18.3.1799. NA 38, 54.

65   Schiller: *Wallensteins Tod*, 2. Akt, 2. Auftritt. NA 8, 205.

66   Schiller: *Wilhelm Tell*, 4. Aufzug, 2. Szene. NA 10, 238.

67   Müller-Seidel: Schiller (Anm. 32), S. 205.

68   Georg Schmidt: Friedrich Schillers *Deutsche Größe* und der nationale Universalismus. In: Werner Greiling und Hans-Werner Hahn (Hrsg.): Tradition und Umbruch. Geschichte zwischen Wissenschaft, Kultur und Politik. Rudolstadt u.a. 2002, S. 11–32.

69   Friedrich Schiller: *[Deutsche Größe]*. NA 2 I, 435.

70   Ebd.

71   Schiller an Johann Gottlieb Fichte, 26.1.1799. NA 30, 26.

72   Johann Gottlieb Fichte an Carl Leonhard Reinhold, 22.5.1799. Zit. n. Karl-Heinz Fallbacher: Fichtes Entlassung. Ein Beitrag zur Weimar-Jenaischen Institutionengeschichte. In: Archiv für Kulturgeschichte 67 (1985), S. 111–135, hier S. 120.

73   Dazu Schmidt: Schönheit (Anm. 1), S. 295–306.

74   Richard Alewyn: Goethe als Alibi. In: Hamburger Akademische Rundschau 3 (1948/50), S. 685 ff.

Andrea Marlen Esser

»Freiheit in der Erscheinung«

Überlegungen zu Schillers Kant-Rezeption in den ästhetischen Vorlesungen

Die schon oft gestellte Frage, welche Rolle Kants dritte Kritik, die *Critik der Urtheilskraft* (1790), in der Entwicklung von Schillers eigener Ästhetik spielt und wie Schiller Kant rezipiert hat, kann man unter verschiedenen Zielsetzungen bearbeiten.[1] Startet man die Untersuchung vorrangig aus der Perspektive der Kantischen Philosophie, liegt es nahe, am Ende entscheiden zu wollen: Hat Schiller Kant nun ›richtig‹ verstanden, in dem Sinne, dass seine eigenen Ausführungen den kritischen Charakter von Kants Theorie bewahren, oder hat er Kant missverstanden und die von der Kritik gezogenen Grenzen überschritten? Es wäre allerdings auch möglich, dass Schiller das kritische Anliegen Kants durchaus verstanden und es keineswegs zurückgewiesen hatte, er es aber dennoch für geboten hielt, die Grenzen der Kantischen Ästhetik zu erweitern.[2] Um diese dritte Möglichkeit nicht schon durch die Art der Fragestellung auszuschließen und Schillers Ästhetik von vornherein nach Maßgabe der Kantischen Philosophie zu rezipieren, scheint es mir geboten, nicht nur Schillers Kant-Rezeption zu rekonstruieren, sondern dabei auch sein eigenes, sachliches Anliegen sichtbar werden zu lassen. Dies möchte ich im Folgenden zumindest ein Stückweit versuchen und dazu einen intensiveren Blick auf Schillers Jenaer Ästhetik-Vorlesungen von

1792 werfen. In ihnen beschäftigt sich Schiller explizit mit
Kants *Critik der Urtheilskraft*, und er verwendet dort auch
im Zusammenhang seiner eigenen Überlegungen – vermut-
lich das erste Mal – die berühmt gewordene Wendung von
der »Freiheit in der Erscheinung«.[3]

Zunächst werde ich jedoch mit Schillers Kant-Lektüre
beginnen und dabei skizzieren, wie sich Schiller selbst zu
seiner Leseerfahrung geäußert hat (I.). In einem zweiten
Schritt komme ich auf die Jenaer Ästhetik-Vorlesungen
zu sprechen. Dabei werde ich auch einen kurzen Exkurs
zu den sogenannten vier Momenten aus Kants Analyse des
ästhetischen Urteils unternehmen, um den Hintergrund
der Vorlesungen zu verdeutlichen, und mich im Anschluss
demjenigen Anliegen Schillers zuwenden, das in der größ-
ten Spannung zu Kants Anliegen zu stehen scheint: seinen
Überlegungen zur Objektivität des Schönen (II.). Im letzten Abschnitt dann, aber erst dann, versuche ich, unter einer Kantischen Perspektive auf Schillers Wendung von der
›Freiheit in der Erscheinung‹ Bezug zu nehmen (III.).

I.

Dass Schiller Kant gelesen hat, ist vielfach belegt. Ob er
auch alle drei Kritiken Kants intensiv studiert hat, ist nicht
gewiss. Dokumentiert ist, dass er die ersten beiden Kritiken, die *Critik reinen Vernunft* und die *Critik der prac-
tischen Vernunft*, bei seinen Verlegern Georg Joachim
Göschen und Siegfried Leberecht Crusius bestellt hat.[4] Wie
aus verschiedenen Briefen und Berichten hervorgeht, hatte
er 1787 wohl auch fest vor, sich in Kants Philosophie ein-
zuarbeiten.[5] Die Lektüre der *Critik der Urteilskraft* steht
jedenfalls außer Zweifel und diese Lektüre hat nicht nur

in Schillers Leseexemplar deutliche Spuren hinterlassen,[6] sondern auch in vielen seiner ästhetischen Schriften. Seit 1791 berichtet Schiller auch ihm Nahestehenden von seiner Beschäftigung mit der *Critik der Urtheilskraft*. An seinen Freund und Vertrauten Gottfried Körner schreibt er am 3. März 1791:

> Du erräthst wohl nicht, was ich jetzt lese und studiere? Nichts schlechteres als – Kant. Seine Critik der Urtheilskraft, die ich mir selbst angeschafft habe, reißt mich hin durch ihren neuen lichtvollen geistreichen Inhalt und hat mir das größte Verlangen beygebracht, mich nach und nach in seine Philosophie hinein zu arbeiten. Bei meiner wenigen Bekanntschaft mit Philosophischen Systemen würde mir die Critik der Vernunft und selbst einige Reinhold*ische* Schriften für jetzt noch zu schwer seyn und zuviel Zeit wegnehmen. Weil ich aber über Aesthetik schon selbst viel gedacht habe und empirisch noch mehr darin bewandert bin, so komme ich in der Critik d*er* Urtheilskraft weit leichter fort [...].[7]

Während seiner Erkrankung im Jahr 1791[8] lässt er sich von seiner Frau Charlotte aus Kants dritter Kritik vorlesen – passenderweise, wie berichtet wird,[9] genau die Stellen, in denen es um die Unsterblichkeit der Seele geht. Wieder ›genesen‹, betreibt Schiller, wie er am 1. Januar 1792 erklärt, »mit grossem Eifer Kantische Philosophie«.[10] Seine Auseinandersetzung mit Kants Ästhetik erstreckt sich also über Jahre, denn noch 1793 berichtet Schillers Jugendfreund Friedrich Wilhelm von Hoven, dass jener während seines Aufenthalts in Ludwigsburg die *Critik der Urtheilskraft* immer in seiner Nähe gehabt habe.[11] Schiller hat diesen, nicht gerade leicht verständlichen, Text nicht nur einmal gelesen, sondern Teile dieser Schrift – genauer: die, in denen sich Kant mit der Grundlegung des ästhetischen Urteils beschäftigt – nachweislich mehrmals gründlich durchgearbeitet. Er scheint gleichermaßen in einen Dialog mit der Kantischen Theorie getreten zu sein und hat eine lebendige Auseinandersetzung

mit den Kantischen Überlegungen gesucht, um ihre Einsich-
ten für sein Verständnis ästhetischer Theorie, des Kunst-
schaffens und der Kunstkritik fruchtbar zu machen.

Die Beschäftigung mit Kant drückt sich auch unmittelbar in Schillers Texten aus, sei es in der Korrespondenz mit
Körner – in den sogenannten *Kallias*-Briefen von 1793 – sei
es in *Ueber Anmut und Würde*.[12] Informativ aber ist insbesondere das noch frühere Zeugnis von Schillers Auseinandersetzung mit Kant, das mit der Nachschrift der von ihm
gehaltenen Vorlesungen über Ästhetik vorliegt. Die Vorlesungen hat er in Jena im Winter 1792/1793 begonnen und
nach einer krankheitsbedingten Unterbrechung im darauf-
folgenden Sommer fortgesetzt. Der Text dieser Vorlesungen
liegt nur fragmentarisch vor (so fehlt etwa der Teil, in dem
Schiller über das Erhabene gesprochen hat) und dazu nur
in einer Nachschrift von Christian Friedrich Michaelis, der
sie 1806 herausgegeben hat.[13] Die vorliegenden Teile der
Vorlesungsnachschrift sind insofern interessant, als sie
eine knappe und konzentrierte Darstellung derjenigen Gedanken enthalten, die Schiller ausführlicher in den nahe-
zu zeitgleich verfassten Schriften, den *Kallias*-Briefen und
Ueber Anmut und Würde entwickelt. Aufschlussreich sind
sie auch, weil sie zum einen die Kantische Philosophie und
insbesondere die Analyse des ästhetischen Urteils erläutern,
deren Kenntnis Schiller bei seinen Zuhörern offensichtlich
nicht voraussetzen konnte – diese Darstellung findet sich in
dem Abschnitt mit der Überschrift: »Erklärung des Schönen nach Kant« –, und zum anderen, weil Schiller im Anschluss an diese Darstellung eine Fragestellung aufwirft, die
ihn philosophisch weiter beschäftigen wird: Es ist die Frage
nach den »objektiven Bedingungen der Schönheit«.[14]

Mit dieser Frage wendet sich Schiller einem zentralen
Thema zu, das nicht nur die Kantische Ästhetik, sondern

die Ästhetik bis heute beschäftigt. Allerdings ist bereits die Frage nach den ›objektiven Bedingungen der Schönheit‹ deutungsbedürftig: Es könnten empirische Eigenschaften gemeint sein, die einem Gegenstand oder einer Darstellung begrifflich zugeschrieben und die als Grund für ein positives oder negatives ästhetisches Urteil angegeben werden. Oder aber es soll damit die Verallgemeinerbarkeit der Produkte aus einer spezifisch ästhetischen Reflexion über einen Gegenstand oder eine Darstellung angezeigt werden und zum Beispiel die Lust, die mit dieser Reflexion verbunden ist, als ein Gefühl, das nicht bloß subjektiv ist, ausgezeichnet werden; wäre letzteres gemeint, beträfen die »objektiven Bedingungen« nicht die objektiven Eigenschaften eines Gegenstandes oder einer Darstellung, sondern allgemeine geltungslogische Voraussetzungen eines korrekten ästhetischen Urteils, das auf allgemeine Zustimmung rechnen darf. Und schließlich könnten mit den ›objektiven Bedingungen der Schönheit‹ auch diejenigen, nicht begrifflich bestimmbaren, sondern erst in der ästhetischen Reflexion angebbaren Eigenschaften eines Gegenstandes oder einer Darstellung gemeint sein. Einsicht darüber zu erlangen, welche Eigenschaften eines Gegenstandes oder einer Darstellung eine ästhetische Reflexion erlauben und darin die Möglichkeit eröffnen, ihn bzw. sie als eine freie Darstellung zu empfinden, in der »das Dargestellte *selbst zu handeln* und der Stoff sich mit dem Darzustellenden völlig ausgetauscht zu haben« scheint,[15] wäre insbesondere im Zusammenhang der Kunstproduktion wichtig. Schon diese alternativen Lesarten des Objektiven können Zweifel daran aufkommen lassen, dass Schiller in der Darstellung seines eigenen Anliegens durchweg der Kantischen Terminologie folgt. Wonach Schiller genau sucht, wenn er fordert, dass die »objektive Beschaffenheit der für schön gehaltenen Ge-

genstände [...] untersucht und verglichen werden« müsse,[16]
bedarf daher durchaus noch einer weiteren Analyse.

II.

Zur Aufklärung von Schillers Verständnis der Objektivität
lohnt es sich, einen genaueren Blick auf diese Ästhetik-
Vorlesungen zu werfen.[17] In diesem Zusammenhang ist es
sinnvoll, auch das kritische Anliegen von Kants Analyse
des ästhetischen Urteils und die darin aufgestellten Bedingungen ästhetischen Urteilens zu vergegenwärtigen. Erst
vor diesem Hintergrund kann deutlich werden, inwiefern
Schillers Objektivitätsforderung in eine Spannung oder einen Widerspruch zu dem Projekt einer kritischen Ästhetik
tritt oder ob er die Frage nach »der objektiven Beschaffenheit der für schön gehaltenen Gegenstände« auf kritischer
Grundlage weiterverfolgt.[18]

  Schiller beginnt die Vorlesungen zunächst mit allgemeinen Ausführungen zur Ästhetik und zum Geschmack,
in denen an vielen Stellen bis in die Beispiele hinein die
Kantische Position anklingt. So kann man etwa lesen, dass
der Geschmack das Vermögen sei, das »Allgemein-*Mitt-
heilbare* an Empfindungen zu beurtheilen«, und »[d]as Ge-
schmacksurtheil [...] ohne Neigung gefällt werden [müsse],
wie das moralische« oder dass der Geschmack, »wie die
praktische Vernunft, ein *inneres Princip der Beurtheilung*«
habe, ferner der Geschmack »auf Empfindungen« gegründet sei und dem Geschmacksurteil trotz seines Anspruchs
auf Nothwendigkeit daher auch keinen »Begriff zum Grunde« lege, sich nicht einmal eine »Spur eines Begriffs oder
der Beziehung auf einen Zweck« darin entdecken lasse.[19]
Bereits in diesem Zusammenhang der allgemeinen, nicht

explizit auf Kant bezogenen Erläuterungen zum ›Inhalt der Ästhetik‹, dem ›Einfluss und Wert des Geschmacks‹ oder der ›Einteilung der Geschmackslehre‹ hebt Schiller die kritische Funktion der Ästhetik hervor, indem er betont: »Die Aesthetik vermag nicht, Künstler hervorzubringen, sondern blos die Kunst zu beurtheilen« und dann betont, dass sie dabei auch »die Gränzen des Geschmacks genau und richtig zu zeichnen« sucht.[20] Nicht nur sind damit grundlegende Theoreme der Kantischen Ästhetik wie die Interesselosigkeit, Begriffslosigkeit, Zweckfreiheit und notwendige Allgemeinheit in die Bestimmung des Geschmacks und der Ästhetik aufgenommen, sondern Schiller integriert auch die Vermittlung als eine Funktion der Ästhetik in seine Darstellung auf, die Kant dem ästhetischen Urteil in der *Critik der Urtheilskraft* zutraut:

> Der *Geschmack* [...] verbindet beide Naturen des Menschen, und erleichtert ihm dadurch den Uebergang zur Sittlichkeit, daß er bei sinnlichen Dingen eine gewisse *Freiheit* behauptet und ihrer Behandlung den Charakter der *Allgemeinheit* und *Nothwendigkeit* aufdrückt.[21]

Die im Zitat angesprochene Erleichterung scheint Schiller deshalb möglich, weil der Geschmack zwar von sinnlichen Eindrücken ausgeht, diese aber auf ›das Rationale‹ bezogen werden, so dass die Sinnlichkeit dadurch ›gemäßigt‹ und ›zivilisiert‹ wird.[22] Doch nicht nur in der kultivierenden Wirkung des Geschmacks folgt Schiller Kantischen Überlegungen, auch viele zentrale Unterscheidungen und Bestimmungen aus Kants Analytik des ästhetischen Urteils werden im Weiteren aufgenommen. So nimmt Schiller etwa die Kantische Unterscheidung im Rahmen seiner Vermögenslehre auf und differenziert ebenfalls zwischen Einbildungskraft und Verstand, Empfindung und Gefühl, grenzt das

Schöne vom Zweckmäßigen und Vollkommenen sowie vom
Angenehmen ab, und unterscheidet zwischen ›Kunst überhaupt‹ und ›schöner Kunst‹. Durchweg dominant ist in diesen allgemeinen Abschnitten aber die Beziehung zwischen
Geschmack und Moralität und die förderliche Wirkung des
Geschmacks für die Sittlichkeit. Der Geschmack »vereinigt
in dem Menschen das Naturwesen mit der Intelligenz und
befördert ihren wechselseitigen Einfluß, so daß Sinnlichkeit
durch Sittlichkeit veredelt wird«, ist zu lesen; aber nicht nur
dies: der Geschmack nutze »das Materielle«, um dem »Wi-
derstande des sinnlichen Vermögens« entgegenzuarbeiten
und es zum Vorteile der Sinnlichkeit zu gewinnen.[23]

Nach kurzen Bezügen auf die Vollkommenheitsästhetik
und die ›Erklärung des Schönen nach Burke‹ und Moritz
wendet sich Schiller explizit der Darstellung der Kantischen
Ästhetik zu, wobei an einigen Stellen, wie schon in der allgemeinen Darstellung zuvor, bereits seine eigenen Überlegungen durchscheinen: Zum einen versteht er, was keineswegs selbstverständlich und auch nicht im Kantischen Text
zu finden ist, das Geschmacksurteil als ein aus zwei Urteilen
zusammengesetztes Urteil.[24] Dabei ist das erste Urteil seiner
Ansicht nach empirisch und auf den durch die Erfahrung
gegebenen Gegenstand bezogen; das zweite Urteil ist dagegen apriorisch, und sagt etwas – nämlich die Allgemeingül-
tigkeit – über die Lust aus, die sich nicht mit der Sinnen-
empfindung verbindet, sondern aus der Reflexion über den
Gegenstand hervorgeht. Wir verhalten uns als ästhetisch
Urteilende zu dem Gegenstand nicht als bloß empfindende,
sondern »als Menschen überhaupt« und können daher sicher sein, dass die Gründe für unsere Lust nicht nur subjektiv, sondern »vor aller Erfahrung« in einem ästhetischen
Gemeinsinn liegen.[25] Dennoch entnehmen wir, so betont
Schiller »[a]lle Gründe zur Beurtheilung des Schönen [...]

aus den Beschaffenheiten der Gegenstände, die wir empfinden, her«.[26] Es sind diese, durchaus missverständlichen
Aussagen über die Rolle und den Status des Gegenstandes,
die zur Klärung von Schillers Anliegen nicht sonderlich zu-
träglich sind. Die Ausführungen zu diesem entscheidenden
Thema des Gegenstandsbezuges und der Allgemeingültig-
keit des Geschmacksurteils sind dabei auch noch äußerst
knapp, überwiegend thetisch und dadurch weder in ihrem
genauen Bezug zur Kantischen Theorie noch aus sich heraus
greifbar. Sie zeigen aber an, dass Schiller den besonderen
Status des ästhetischen Urteils sehr klar erkennt. So misst
er, wie aus der eben zitierten Passage deutlich wird, der em-
pirischen und sinnlichen Erscheinung des Gegenstandes
zwar eine entscheidende Rolle in der ästhetischen Beurteilung bei; gleichwohl missversteht er die der Erscheinung
darin zugeschriebene Lust nicht als unmittelbare Wirkung
des Gegenstandes, sondern begreift sie – ganz kantisch –
als Folge der bzw. als Verbindung »mit der Reflexion« des
sinnlich Gegebenen, die er – ebenfalls ganz kantisch – als
einen »a priori gültigen Gemüthszustand« bezeichnet.[27]
Schon vor diesem Hintergrund ist eine Skepsis gegenüber
Lesarten angebracht, die Schiller einen Rückfall hinter die
transzendentalphilosophisch gegründete Ästhetik Kants be-
scheinigen wollen oder seine Ausführung für inkompatibel
mit dem Kantischen transzendentalen Idealismus halten.[28]

Deutlicher wird Schillers Bezugnahme auf Kant und
seine eigene Position in den anschließenden Ausführungen
über die objektiven Bedingungen der Schönheit. Sie beginnen mit einer kritischen Bezugnahme: »Die Kantische
Kritik leugnet die Objektivität des Schönen aus keinem
genügenden Grunde«.[29] Man könnte Schillers Einwand
so verstehen, dass er damit Kants transzendentale Begründung des Geschmacksurteils insgesamt angreift und

die daraus resultierende, bloß subjektive Allgemeinheit in Zweifel zieht. Tatsächlich aber scheint er nur die von Kant genannten Gründe für unzureichend zu halten, um auf ihrer Basis jeglichen Bezug auf den Gegenstand zurückweisen zu können.[30] Das Defizit der Kantischen Ästhetik macht er entsprechend darin aus, dass Kant »das Schönheitsurteil auf ein *Gefühl* der Lust gründe[t]« und deshalb die Seite des Gegenstandes für nicht weiter bestimmbar hält.[31] In den weiteren Ausführungen wird deutlicher, warum Schiller sowohl die Gründe als auch die Grenzziehung Kants nicht für überzeugend hält. Er meint, dass Kant mit dem Begriff der Freiheit eigentlich bereits einen Grundbegriff der Schönheit an die Hand gebe,[32] der auch die Objektivität des Urteils zu sichern vermag. Freiheit versteht Schiller in diesem Zusammenhang als »die durch die Natur eines Dinges selbst bestimmte Beschaffenheit«.[33] Gerade weil, wie Kant betont, »das Schöne Wirkung der innern Freiheit« ist, scheint es Schiller dadurch möglich, über Kant und seine Grenzziehung hinaus zu gehen und zu fordern:

> Die objektive Beschaffenheit der für schön gehaltenen Gegenstände muß untersucht und verglichen werden. Die Beobachtung der Proportionen macht nicht die Schönheit selbst, aber doch eine unumgängliche Bedingung derselben aus. Sie kann der Richtigkeit nicht entbehren. – Freie Wirksamkeit des Gemüts ist der Wirkung des Schönen wesentlich.[34]

Wenige Absätze weiter fällt die berühmt gewordene Bestimmung der Schönheit als »Freiheit in der Erscheinung«.[35] Die ›Freiheit in der Erscheinung‹ stellt dabei, so betont Schiller, das eigentliche Objekt der ästhetischen Beurteilung dar. Gemeint sein kann hier mit dem ›eigentlichen Objekt‹ nur, dass es das Erscheinen der Freiheit ist, an dem wir den ästhetischen Wert eines Gegenstandes und einer

sinnlichen Darstellung messen. Dass diese Forderung und
der Aufruf, man müsse die »objektive Beschaffenheit der
für schön gehaltenen Gegenstände« untersuchen, keine
spontane hingeworfene Nebenbemerkung nur im Rahmen
der Vorlesungen war, zeigt Schillers weitere Beschäftigung
mit diesem Gedanken. In einem Brief an Körner vom 21.
Dezember 1792 notiert er:

> Ueber die Natur des Schönen ist mir viel Licht aufgegangen, so daß
> ich Dich für meine Theorie zu erobern glaube. Den objectiven Begriff
> des Schönen, der sich eo ipso auch zu einem objectiven Grundsatz
> des Geschmacks qualificirt, und an welchem Kant verzweifelt, glaube
> ich gefunden zu haben. Ich werde meine Gedanken darüber ordnen,
> und in einem Gespräch: *Kallias, oder über die Schönheit*, auf die
> kommenden Ostern herausgeben.[36]

Aber auch wenn Schiller, wie er selbst meint, über die Natur
des Schönen viel Licht aufgegangen ist und er auf dem Boden der kritischen Ästhetik zu stehen scheint, könnte man
diese Forderungen nach Objektivität der Schönheit dennoch für eine Fundamentalkritik an Kants Ästhetik halten.
Insbesondere wenn Schiller vorschlägt, die ›objektive Beschaffenheit der für schön gehaltene Gegenstände‹ dadurch
weiter untersuchen zu können, indem man Vergleiche
anstellt. Damit scheint er Kants Verständnis vom Gegenstand als Gegenstand des Urteils in ein unabhängig davon
gegebenes Objekt zu verwandeln, auf dessen Eigenschaften
man sich beziehen und im Vergleich mit anderen Objekten
mehr über die Natur ästhetischer Qualitäten erfahren könne. Möglicherweise aber verstehen Schiller und Kant unter
Objektivität und Gegenständlichkeit nicht immer dasselbe.
Um dies weiter aufzuklären, hilft ein intensiverer Blick auf
Kants Ästhetik.

Im ersten, der Ästhetik gewidmeten Teil seiner *Critik
der Urtheilskraft* geht es Kant – das betont Schiller ganz

korrekt – darum, die subjektiven Bedingungen des ästhetischen Urteils, – »subjektiv-rational« nennt sie Schiller,[37] –
zu explizieren und deutlich zu machen, dass sich weder objektive begriffliche Bedingungen noch ein objektives Urteil
im Sinne eines Erkenntnisurteils über das Schöne begründen lassen. Wie auch in den vorangegangenen Schriften der
kritischen Philosophie macht Kant keine Aussagen über
»den Gegenstand an sich«, über den Gegenstand, wie er unabhängig von unseren, auf der Grundlage korrekter Bedingungen gefällten, ästhetischen Urteile beschaffen sein mag.
Kant hält solche Aussagen auch für letztlich unvereinbar
mit einer kritisch gegründeten Ästhetik und Philosophie.
Die ganze Tragweite, aber auch die Herausforderung von
Schillers Forderung wird jedoch erst deutlich, wenn man
sich das kritische Anliegen von Kants Analyse des ästhetischen Urteils und die darin aufgestellten Bedingungen ästhetischen Urteilens noch einmal vor Augen führt.

Die *Critik der Urtheilskraft* eröffnet im Haupttext mit
der sogenannten ›Analytik des ästhetischen Urteils‹. Der
Anspruch dieses Abschnittes liegt in der transzendental-
philosophischen Prüfung, ob sich ästhetische Urteile über
das Schöne (und im Anschluss auch: über das Erhabene) im
Sinne einer eigenständigen Urteilsart theoretisch begründen und in ihrem spezifischen Geltungsanspruch rechtfertigen lassen. Kant bezieht sich in diesem Abschnitt immer
wieder auf Besonderheiten der Urteile über das Schöne, die
sich schon in der alltäglichen Kommunikation beobachten
lassen: Urteile, in denen behauptet wird, ein bestimmter
Gegenstand sei schön, scheinen auf den Gegenstand gerichtet zu sein und etwas über ihn auszusagen. Die Urteilenden
aber können für ihre Zuschreibungen keine objektiven begrifflichen Gründe angeben, sondern rekurrieren auf ein
Gefühl, das sich in der Betrachtung dieser Gegenstände bei

ihnen einstellt. Gleichwohl sind sie der Überzeugung, dass andere, die diese Gegenstände auch betrachten, ebenso urteilen sollten und verbinden ihr Urteil mit einem Anspruch auf allgemeine Gültigkeit und notwendige Zustimmung.

Kant geht es in der sogenannten ›Analytik des Schönen‹ aber nicht primär um eine Beschreibung oder phänomenologische Untersuchung des ästhetischen Urteils; er verfolgt darin vielmehr die kritische und dabei skeptische Frage: Lassen sich allgemeine Bedingungen angeben, unter denen wir ein korrektes, ein gültiges ästhetisches Urteil fällen können, und nicht nur Urteile, in denen wir den Gegenstand unter allgemeine Begriffe subsumieren oder in denen wir nur eine private, persönliche Vorliebe zum Besten geben und eine unmittelbare Gefühlswirkung ausdrücken? Die Untersuchung zielt dabei sowohl auf die allgemeine Grundlegungsfrage, ob sich ästhetische Urteile als von praktischen und theoretischen Urteilen unterschiedene, insofern spezifische Urteile rechtfertigen lassen, als auch auf die weitergehende Frage, welche logischen Bedingungen die ästhetische Reflexion, durch die sich ästhetische Urteile begründen lassen, jeweils erfüllen müssten, so dass die Urteilenden im besonderen Fall ein korrektes ästhetisches Urteil fällen. Die entsprechenden Bedingungen gewinnt die ›Analytik des Schönen‹ aus der kritischen Reflexion einerseits des besonderen Anspruchs, den wir mit unseren gewöhnlichen ästhetischen Urteilen verbinden, auch wenn wir sie im Einzelfall nicht immer korrekt vollziehen. Andererseits aber nimmt sich die Analyse, ganz unabhängig von unseren gewöhnlichen ästhetischen Urteilen, auch vor, zu fragen, wie wir urteilen müssten, wenn der mit diesen Urteilen erhobene Anspruch tatsächlich legitimiert werden soll. Die Fragestellung lautet also: Wenn ästhetische Urteile eine spezifische Art von Urteilen ausmachten, die neben sogenannten Erkenntnisurteilen (also solchen, in denen wir einen Gegenstand begrifflich bestimmen und ihm objektive Prädikate zuschreiben) und moralischen Urteilen (in denen wir unsere Maximen unter dem moralischen Gesetz, dem Kategorischen Imperativ, beurteilen und dadurch unsere Freiheit zum Ausdruck bringen) Bestand haben können: Welche Bedingungen müssten erfüllt sein?

Seine abstrakten urteilslogischen Ausführungen zu dieser Fragestellung veranschaulicht Kant an vielen Stellen mit Beispielen. Sie sollen deutlich machen, dass es ihm um die Begründung von verschiedenen Urteilsperspektiven geht, und nicht darum, voneinander getrennte ontologische Sphären des Wahren, Schönen und Guten auszuzeichnen. Ein Botaniker, so lautet eines der Kantischen Beispiele, wird eine Rose möglicherweise zunächst nicht unter einer ästhetischen Perspektive, sondern unter botanischen Begriffen betrachten und ein Erkenntnisurteil fällen.[38] Gleichwohl aber steht es dem Botaniker offen, über die Rose auch ein ästhetisches Urteil zu fällen. Dazu darf er sich aber nicht von dem Begriff der Rose leiten lassen und sich auf das, was sie »für ein Ding sein soll« beziehen,[39] sondern muss mit der Einbildungskraft ihre sinnliche Erscheinung unter allgemeinen, spezifisch ästhetischen Gesichtspunkten (die Kant in vier sogenannten ›Momenten‹ expliziert) reflektieren. Andere Urteilende, die die Funktionen und Zweck der jeweiligen Teile der Rose nicht kennen, weil sie keine Botaniker:innen sind, können die Rose ästhetisch beurteilen ohne dazu von botanischem Wissen abstrahieren zu müssen. Weiterhin ist es erforderlich von der moralisch-praktischen Perspektive abzusehen, um ein korrektes ästhetisches Urteil zu fällen.

Wenn mich jemand fragt, ob ich den Palast, den ich vor mir sehe, schön finde, so mag ich zwar sagen: ich liebe dergleichen Dinge nicht, die blos für das Angaffen gemacht sind [...] ich kann noch überdem auf die Eitelkeit der Großen auf gut *Rousseauisch* schmälen, welche den Schweiß des Volks auf so entbehrliche Dinge verwenden [...]. Man kann mir alles dieses einräumen und gutheißen; nur davon ist jetzt nicht [da es um ein ästhetisches Urteil geht – Anm. der Verf.in.] die Rede. Man will nur wissen, ob die bloße Vorstellung des Gegenstandes in mir mit Wohlgefallen begleitet sei, so gleichgültig ich auch immer in Ansehung der Existenz des Gegenstandes dieser Vorstellung sein mag.[40]

Kant streicht in diesen Beispielen die Kompatibilität verschiedener Urteilsperspektiven heraus und zeigt, dass es möglich ist, denselben Gegenstand in seiner sinnlichen Erscheinung als schön zu schätzen und ihn begrifflich (als eine Rose, einen Palast) zu bestimmen, aber ebenso ihn als schön und zugleich politisch-moralisch problematisch zu beurteilen. Den jeweiligen Urteilen liegen dabei allerdings verschiedene Geltungsbedingungen zu Grunde und die Urteile beziehen sich auch auf jeweils verschiedene Aspekte des Gegenstandes und der Darstellung.

Die ›Analytik des Schönen‹ stellt sich die Aufgabe, diese Bedingungen, aber auch den damit verbundenen, jeweils besonderen Gegenstandsbezug herauszuarbeiten. Wenn also in diesem Zusammenhang vom Gegenstand die Rede ist, ist damit die sinnliche Vorstellung oder Erscheinung gemeint, die zum Gegenstand der Reflexion und des an sie anschließenden Urteils gemacht wird, und nicht etwa ein Objekt, das auf der Grundlage der Verstandeskategorien als Gegenstand unserer Erkenntnis und entsprechender Urteile gelten kann.

Die Ergebnisse dieser Analyse werden von Kant in vier sogenannten Momenten zusammengefasst. Diese Momente formulieren Bedingungen der ästhetischen Reflexion, die

im ästhetischen Urteilsprozess alle gleichermaßen erfüllt
sein müssen. Erst ihre Berücksichtigung garantiert, dass
wir ein Urteil fällen, dem zwar nur ein Gefühl (nämlich das
der Lust) zu Grunde liegt, das aber gleichwohl zumindest
fordern kann, dass alle anderen ebenfalls so fühlen und
ein entsprechendes Urteil fällen könnten. Es handelt sich
beim ästhetischen Urteil um ein Reflexionsurteil, denn die
Lust ist das Resultat einer Reflexion über, wie Kant sagt,
die »bloße Vorstellung« eines Gegenstandes[41] bzw. über
eine (begrifflich unbestimmte) Erscheinung. Die Momente,
die es bei dieser Reflexion zu beachten gilt, stehen jeweils
am Ende von verschieden umfangreichen Abschnitten und
lauten: Erstens: Geschmack ist das Beurteilungsvermö-
gen eines Gegenstandes oder einer Vorstellungsart durch
ein Wohlgefallen oder Missfallen »ohne alles Interesse«.[42]
Zweitens: »Schön ist das, was ohne Begriff allgemein
gefällt.«[43] Drittens: »Schönheit ist Form der *Zweckmäßigkeit* eines Gegenstandes, sofern sie *ohne Vorstellung eines
Zwecks* an ihm wahrgenommen wird.« Schönheit ist also
eine Zweckmäßigkeit ohne Zweck.[44] Und schließlich noch
viertens: »Schön ist, was ohne Begriff als Gegenstand eines
nothwendigen Wohlgefallens erkannt wird.«[45]

Die Bedeutung dieser – isoliert betrachtet – durchaus
etwas rätselhaften, von manchen Interpret*innen sogar als
paradox[46] bezeichneten – Momente liegt darin, dass Kant
in ihnen die notwendigen Bedingungen ausbuchstabiert,
auf die die Urteilskraft »in ihrer Reflexion Acht hat«,[47]
wenn sie zu einem korrekten und spezifisch ästhetischen
Urteil gelangt. Darüber hinaus aber zeigt Kant mit diesen Momenten auch, dass die ästhetische Reflexion eine
eigenständige, freie, aber doch allgemein nachvollziehbare,
formbildende Synthese *an oder mit* der jeweils gegebenen
sinnlichen Erscheinung leistet. Die Einbildungskraft als das

›Vermögen der Sinnlichkeit‹ sei in der ästhetischen Reflexion, so die Formulierung, »Urheberin willkürlicher Formen möglicher Anschauungen«.[48] Sie müsse als produktiv und selbsttätig verstanden werden und verfahre mit dem sinnlichen Material nicht nur reproduktiv, sondern sei schöpferisch tätig. Aus dieser schöpferischen, produktiven Reflexion des ästhetischen Urteilsprozesses geht entsprechend der Kantischen Analyse der ästhetische Gegenstand allererst hervor. Sowohl der ästhetische Gegenstand als auch seine Form sind so gesehen unabhängig vom Geschmacksurteil nicht ›gegeben‹. Über sie lässt sich außerhalb des Urteilsprozesses nichts sagen, und noch weniger wäre es möglich, etwas a priori über sie ausfindig zu machen oder ihre allgemeinen Bestimmungen in Begriffen oder Regeln auszudrücken. Ästhetische Urteile sind Reflexionsurteile und dabei, so betont Kant, immer einzelne Urteile. Sie richten sich auf Einzelnes, auf besondere Vorstellungen, wie sie uns sinnlich konkret erscheinen, und nicht wie wir sie allgemein in Begriffen denken. Begriffe können wegen ihrer Allgemeinheit die Individualität der ›bloßen Vorstellung‹ nicht fassen bzw. repräsentieren. Die Individualität des Gegenstandes oder einer Darstellung liegt allein in seiner bzw. ihrer sinnlichen Erscheinung. Um noch einmal auf das weiter oben angeführte Beispiel zurückzukommen: Die begriffliche Bestimmung einer Rose präsentiert gerade diejenigen Aspekte, die sie mit allen anderen Rosen teilt, nicht aber die individuelle sinnliche Qualität, in der sie jeweils erscheint und um die es im ästhetischen Urteil gerade geht. Es ist freilich möglich, »wenn die einzelne Vorstellung des Objects des Geschmacksurtheils nach den Bedingungen, die das letztere bestimmen, durch Vergleichung in einen Begriff verwandelt wird«[49] zu einem logisch allgemeinen Urteil zu gelangen. Dann aber, wenn viele einzelne Geschmacksur-

teile über Rosen miteinander verglichen werden und man
deshalb meinte, »die Rosen überhaupt sind schön«,
muss man sich im Klaren darüber sein, dass dieses allgemeine Urteil kein rein ästhetisches mehr ist, »sondern als
ein auf einem ästhetischen gegründetes logisches Urtheil
ausgesagt« wird.⁵⁰ Es bleibt also dabei: Ästhetische Urteile
sind immer einzelne Urteile und lassen sich nicht auf andere Gegenstände derselben Klasse übertragen.

Den Kantischen Ausführungen im Anschluss an die Ana-
lytik folgen Beiträge zum Erhabenen und Überlegungen, die
man als Grundlagen einer Kunsttheorie bezeichnen kann.
Und schließlich wird auch das Prinzip des Geschmacks als
Vermögen zur Beurteilung des Schönen in einer Deduktion
begründet und in seinem Beitrag zu dem systematischen
Vorhaben der dritten Kritik, d.i. zur Verbindung von theoretischer und praktischer Vernunft, erörtert. Dieser letzte
Teil mündet in den von Schiller und in der Philosophie des
Idealismus viel beachteten Paragraphen 59. Dies ist der Paragraph, in dem Kant das Schöne als ein »Symbol des sitt-
lich Guten« bezeichnet und den systematischen Bezug der
Ästhetik zur praktischen Philosophie aufzuklären versucht.
Es geht darin nicht mehr um die Geltungsbedingungen ästhetischer Urteile, sondern um die Frage nach dem möglichen Zusammenhang zwischen ästhetischen und moralischen Urteilen, also um ein Moment der systematischen
Vermittlungsleistung ästhetischer Urteile. Das andere
Moment, das in diesem Paragraphen nur am Rande angesprochen wird, das aber ebenso vermittelt werden muss, ist
die theoretische Vernunft und der damit verbundene Na-
turbegriff. Dass ästhetische Urteile diese Vermittlung leisten können, liegt nach Kant nicht in möglichen Analogien
zwischen ästhetischen und praktischen Urteilen, sondern
daran, dass die Urteilskraft sich im ästhetischen Urteil auf

»etwas im Subjecte selbst und außer ihm«[51] bezogen sieht, »was nicht Natur, auch nicht Freiheit ist, doch aber mit dem Grunde« der Freiheit, »nämlich dem Übersinnlichen, verknüpft ist«.[52] Das Prinzip, das den ästhetischen Urteilen zugrunde liegt, ermöglicht es, dass der Geschmack auf das »Intelligible [...] hinaussieht, wozu nämlich selbst unsere oberen Erkenntnisvermögen [gemeint sind: Verstand und Vernunft – Erg. d. Verf.in] zusammenstimmen«.[53] Es ist also dieses ›innere Prinzip‹, wie es Schiller formulieren würde, das als ›heautonomes‹ und damit subjektives Prinzip der Urteilskraft das für eine Vermittlung erforderliche Dritte darstellt, durch das »das theoretische Vermögen mit dem praktischen auf gemeinschaftliche und unbekannte Art zur Einheit verbunden wird«.[54]

III.

Vor dem Hintergrund dieser Darstellung der Kantischen Theorie muss es irritieren, wenn Schiller, der auf Kants Analytik und die vier Momente immer wieder affirmativ Bezug nimmt, nach Objektivität verlangt, ja sogar ein objektives Prinzip des Geschmacks fordert. Aus dieser Irritation heraus könnte man die Untersuchung hier abschließen und die Summe ziehen: Schiller hat Kant offensichtlich nicht richtig verstanden oder wenigstens in mancher Hinsicht grob missverstanden. Doch nach all dem, was schon die Ästhetik-Vorlesungen zu erkennen geben, könnte man auch auf den Gedanken kommen, dass Schiller seine Wendung zum Objektiven mit Bedacht vollzieht und dabei eine unkantische Terminologie benutzt. Doch welche sachlichen Gründe könnten ihn dazu bewogen haben, nach der objektiven Beschaffenheit der für schön gehaltenen Gegenstände und den objektiven Bedingungen der Schönheit zu fragen? Möglicherweise klärt sich die eine oder andere Irritation durch eine genauere Betrachtung dessen, was Schiller unter Objektivität versteht. Unter Umständen bezeichnet der Begriff der Objektivität bei Kant, von dem er überzeugt ist, dass über sie nichts in Erfahrung zu bringen sei, nicht die Objektivität, nach der Schiller sucht und deren Entdeckung Körner in seinem Brief vom 13. März 1791 als den »Stein der Weisen« bezeichnet:

> Kant spricht bloß von der Wirkung der Schönheit auf das Subjekt. Die Verschiedenheit schöner und häßlicher Objekte, die in den Objecten selbst liegt, auf welcher diese Classification beruht, untersucht er nicht. Daß diese Untersuchung fruchtlos seyn würde behauptet er ohne Beweis, und es fragt sich, ob dieser Stein der Weisen nicht noch zu finden wäre.[55]

Ich werde meine Überlegung zu dieser Frage im Folgenden noch kurz zu skizzieren versuchen.

Schiller ist sich meines Erachtens völlig darüber im Klaren, was er verlangt, wenn er die Untersuchung der »objektiven Beschaffenheit der für schön gehaltenen Gegenstände« fordert. Dies verdeutlichen auch seine eigenen Anstrengungen und Ausführungen zum Thema: »Ich habe wirklich eine Deduction meines [objektiven – Erg. d. Verf.in] Begriffs vom Schönen versucht, aber es ist ohne das Zeugniß der Erfahrung nicht auszukommen«, gibt er im ersten *Kallias*-Brief zu.[56] Es zeigt sich in späteren Schriften, dass er eine solche Deduktion eines objektiven Begriffs des Geschmacks tatsächlich nicht weiterverfolgt. Wovon er sich aber nicht überzeugen kann, ist, dass aus der Zurückweisung eines objektiven begrifflichen Prinzips für den Geschmack schon die Unmöglichkeit folgt, ein »sinnlich-objektives Prinzip« auszumachen und über die ästhetische Beschaffenheit der Gegenstände, auf die sich unsere ästhetischen Urteile beziehen, irgendetwas herauszufinden. Das Ungenügen der Kantischen Theorie erkennt Schiller also darin, dass diese alle weiteren Bestimmungen des Gegenstandes ausschließlich in Abhängigkeit von der Reflexion der Urteilenden und den davon abhängenden Urteilen ermöglicht.

Was Schiller möglicherweise dazu motiviert, weiterzusuchen, könnte die für alle Geschmacksurteile konstitutive Unsicherheit sein, die sich darauf bezieht, ob im konkreten Fall tatsächlich angemessen, richtig – also orientiert an den vier Momenten – geurteilt wurde.[57] In Bezug auf diese Frage könnte er die Grenzziehung der Kantischen Ästhetik für problematisch gehalten haben, sofern durch sie keine weiteren Kriterien mehr an die Hand gegeben zu werden scheinen. So wie auch die konkrete handelnde Person auf der Grundlage der Kantischen Moralphilosophie nicht sicher sein kann, ob trotz Prüfung der eigenen Maxime nicht doch noch ein subjektiv-privates Motiv den Bestimmungsgrund des eigenen Handelns bildet, so kann auch die ästhetisch urteilende Person keine letzte Gewissheit darüber erlangen, ob sie im konkreten Fall tatsächlich »richtig subsumiert« hat.[58] Diese Unsicherheit stellt aber gerade im Zusammenhang der künstlerischen Produktion, des ästhetischen Streites und der Kunstkritik ein Problem dar: Wenn nur die logischen Bedingungen des Urteilens, nicht aber objektive Eigenschaften des Gegenstandes des Urteils den Ausschlag dazu geben, ob ein richtiges ästhetisches Urteil gefällt wurde, dann ist keine Instanz unabhängig von der ästhetischen Reflexion vorhanden, auf die sich die Urteilenden noch beziehen könnten. Sie könnten sich nicht mehr mit Bezug auf das von ihnen Wahrgenommene darüber verständigen und prüfen, ob sie in Ansehung der jeweils konkreten sinnlichen Vorstellung richtig geurteilt haben. Die Kriterien ästhetischen Urteilens, so könnte man das Problem mit Hegel formulieren, scheinen im Subjekt gleichsam zu ›verdunsten‹[59]. Mir scheint dieses Anliegen, das aus der Kritik der künstlerischen Produktion stammt, überzeugender zu sein, um Schillers Suche nach einer Objektivität zu erklären, als ihm unzureichendes Kantverständnis zu unterstellen. Es legt vielmehr nahe, dass ihm die Kantische Antwort zu diesem Problem nicht genügt hat. Und ich halte es auch für unwahrscheinlich, dass Schiller trotz klarer Darstellung der Kantischen Momente, gleichsam zwischendurch und wie aus einer plötzlich auftauchenden Laune heraus, wie Gaston Bachelard dies formulieren würde, ein »Hunger nach Gegenständen«[60] angefallen und er dadurch den kritischen Kern der Kantischen Theorie wieder vergessen haben könnte. Im Gegenteil: Trotz mancher missverständlichen Formulierungen dringt Schiller wiederholt darauf, dass wir nur im ästhetischen Urteilsprozess auch etwas über das Objekt oder besser: über die Form des Objektes sagen können. So können wir seiner Ansicht nach etwa eine Form als frei beurteilen, wenn wir an ihr – wie im Fall des Naturschönen – eine Technik wahrnehmen. Mit Technik ist hier eine Zweckbestimmtheit der Teile eines Gegenstandes (zum Beispiel einer Pflanze oder eines Baumes) gemeint, die eine »Verbindung des Mannigfaltigen« leistet.[61] Die ins Auge fallende Technik ist dabei der Grund der Schönheit des Gegenstandes, aber nur im Sinne des erforderlichen Kontrastmittels, das es der Schönheit erst erlaubt zu erscheinen. Im Brief an Körner vom 25. Januar 1793 hebt Schiller diesen Gedanken noch einmal hervor, wenn er sich fragt, wie Schönheit in ihrer Freiheit erscheinen könne, wenn sie nichts zu überwinden habe, wenn »kein Widerstand ist«.[62] Die Technik im Sinne einer Zweckgebundenheit des jeweiligen Naturwesens ist aus Schillers Sicht deshalb erforderlich, weil erst in ihrer Überwindung und ›Bezwingung‹ die Freiheit erscheinen und ohne sie eine ›Freiheit in der Erscheinung‹ gar nicht ins Bewusstsein treten könne.[63]

Umgekehrt, meint Schiller, ist es in der Kunst, in der wir um die Technik im Sinne der Produktion durch einen Künstler wissen, unerlässlich, dass sie wie Natur erscheint. Hier muss der Kunstschaffende hinter sein Werk zurücktreten, um auf diese Weise ›Freiheit in der Erscheinung‹ zu ermöglichen. ›Freiheit in der Erscheinung‹ könnte man, so gesehen, als das Pendant zu Kants freier, spielerischer, nicht auf Begriffe eingeschränkter Reflexion und Formenbildung verstehen, in der das Vermögen der Sinnlichkeit (die Einbildungskraft) und das der Intellektualität (der Verstand) in ein anregendes, spezifisch ästhetisches Verhältnis treten. Entscheidend dabei wäre aber, dass Schiller am konkreten Fall nach objektiven Momenten sucht, die am jeweiligen Gegenstand über die Kontrastbildung von Zweckbestimmungen und freier Formbildung das Erscheinen der Freiheit ermöglichen. Seine Rede von Objektivität würde also gar nicht auf eine objektive begriffliche Regel zielen, unter der dann Schönheit als ein Prädikat zugesprochen werden kann – das wäre in der Tat ein fundamentaler Widerspruch zu Kant; vielmehr geht es ihm wohl darum, aus dem Vergleich derjenigen Momente, die innerhalb der ästhetischen Reflexion als entscheidend für den Eindruck der Freiheit der Erscheinung sind, die Bedingungen auf Seiten der konkreten sinnlichen Gestaltung weiter aufzuhellen. Am Ende der Vorlesungen liest man:

> In der Natur beleidigt uns die verletzte Freiheit. Was aber in der Natur häßlich ist, kann in der Kunst schön werden. Allein eigentlich kann nicht der Gegenstand, sondern nur dessen Darstellung schön werden. Schön ist ein in seiner Kunstmäßigkeit frei erscheinendes

Naturprodukt. Es giebt nun Darstellungen für die Sinne und für die Einbildungskraft. Frei wäre die Darstellung, wo das Dargestellte selbst zu handeln und der Stoff sich mit dem Darzustellenden völlig ausgetauscht zu haben schien. Freilich kann hier nur Scheinen Statt finden.[64]

Daraus dürfte deutlich werden, dass es Schiller hier nicht um den Gegenstand im Sinne eines begrifflich bestimmten Objektes und seiner Eigenschaften geht, sondern um die ästhetischen Effekte und die damit verbundenen intellektuellen Vorstellungen, die die jeweilige sinnliche Erscheinung und Darstellung in der ästhetischen Reflexion ermöglichen, wenn in dieser die vier grundlegenden Momente des ästhetischen Urteils erfüllt werden.[65]

Auch im Zusammenhang des Kunstschönen beschäftigt sich Schiller mit den Bedingungen in der Darstellung aus der Perspektive der ästhetischen Reflexion und bezieht sich nicht auf objektive Eigenschaften eines Objekts:

Allein eigentlich kann nicht der Gegenstand, sondern nur dessen *Darstellung* schön werden. [...] *Frei* wäre die Darstellung, wo das Dargestellte *selber zu handeln* und der Stoff sich mit dem Darzustellenden völlig ausgetauscht zu haben schien.[66]

An dieser Stelle geht es nicht um Eigenschaften des Gegenstandes, sondern um das Verhältnis von Stoff und Form, die in der ästhetischen Reflexion durch den Kontrast den Eindruck erwecken, dass die besondere Darstellung den Stoff »völlig bezwungen« hat.[67] Im Zusammenhang der Dichtung erläutert Schiller diesen Gedanken noch einmal deutlich: »Die *Freiheit* der poetischen Darstellung beruht auf der Unabhängigkeit des Dargestellten von der Eigenthümlichkeit der Sprache[68] [womit die Abstraktheit der Begriffe gemeint ist, die der Dichter durch Individualisierung zu überwinden versucht – Anm. der Verf.in], des Darstellenden und des äu-

ßeren Zweckes des Kunstwerkes [das bezieht sich auf praktische Vereinnahmung der künstlerischen Darstellung –
Erg. der Verf.in.]«.[69]

Vieles deutet also schon in den Ästhetik-Vorlesungen,
aber auch in den *Kallias*-Briefen darauf hin, dass Schiller
durchaus versucht hat, sein Anliegen auf dem Boden der
kritischen Ästhetik weiter zu verfolgen, und dass es ihm
darum ging, die Kantischen Überlegungen weiterzutrei-
ben, um sie für konkrete Reflexionen innerhalb des Kunst-
schaffens und die Kunstkritik fruchtbar zu machen. Genau
deshalb dürfe er die Ansicht vertreten, dass er mit dem
Kriterium der ›Freiheit in der Erscheinung‹ einen »sinn-
lich-objektiven«,[70] nicht wie Kant einen lediglich ›sinnlich-
rationalen‹ Weg in der Ästhetik einschlagen kann. Auch
wenn sowohl das Anliegen Schillers als auch seine Überlegungen zur Anwendung auf die poetische Produktion überzeugen mag, stellt sich dennoch die Frage: Wie genau wird
die Objektivität der ästhetischen Effekte und Kontrastbil-
dungen begründet?

Zur Bearbeitung dieser Frage ist Schillers Rezeption
des Paragraphen 59 der *Critik der Urtheilskraft* aufschlussreich, die sowohl in den Vorlesungen durchscheint als auch
in den *Kallias*-Briefen greifbar wird. Der Paragraph 59 handelt ›Von der Schönheit als Symbol der Sittlichkeit‹. Darin
stellt Kant ein Verfahren vor, über das Ideen der Vernunft,
die sich nicht direkt in der Anschauung darstellen lassen,
zumindest indirekt, nämlich über eine Analogiebildung und
damit symbolisch mit einer Anschauung verbunden werden
können. In der Mitte des Paragraphen nutzt Kant das Verfahren der Analogie für sein systematisches Anliegen der
Vermittlung zwischen theoretischer und praktischer Vernunft. Kants berühmtes Beispiel zur Erläuterung des Ver-
fahrens ist die symbolische Darstellung des monarchischen,

aber republikanisch verfassten Staates als eines beseelten, organisierten Körpers im Unterschied zum despotischen Staat, der als Mechanismus veranschaulicht wird. Das Wesen des letzteren lasse sich treffend als ein Maschinenwerk symbolisieren, zum Beispiel als eine Handmühle, die nur einen Hebel hat, von dem die Kraft (oder besser eine Gewalt) ausgeht, die auf alle Glieder der Maschine gleichsam von außen einwirkt.

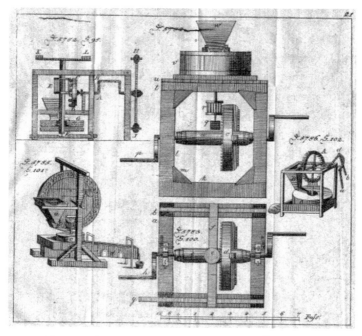

Abb. 1: Handmühle. In: Johann Georg Krünitz: *Ökonomisch-technologische Encyklopädie*, 96. Theil (1804).[71]

Kant rekonstruiert damit – das ist insbesondere für die Kunstproduktion und -rezeption wichtig –, wie kreative Verbindungen von abstrakten Ideen oder Gedanken (wie zum Beispiel die der Prinzipien einer bestimmten Staatsverfassung) mit konkreten Versinnlichungen (in diesem Fall: mit der sinnlich beobachtbaren mechanischen Wirkungsweise einer Handmühle) hergestellt werden könnten. Nach solchen kreativen und produktiven Weisen der Versinnlichung zu suchen, weist Kant als das Vermögen »ästhetischer Idee« aus.[72] Wie alle Ideen fordern auch die ästhetischen Ideen eine Totalität: in diesem Fall die optimale Versinnlichung intellektueller Gehalte, in der ohne Vermittlung durch einen Begriff eine »Mitteilbarkeit« erreicht wird – oder, wie Schiller es in seinen Ästhetik-Vorlesungen formuliert hat: in der die Form »sie sich selbst erklärt«.[73] Solche geistreichen sinnlichen Darstellungen zu erfinden, macht nach Kant das »Genie«[74] aus. Freilich müssen die ästhetischen Ideen auch in der künstlerischen Darstellung am Material erarbeitet werden. Dieser Prozess erfordert außer Genie auch Geschmack in dem Sinne, dass während der Produktion kontinuierlich in ästhetischer Reflexion geprüft werden muss, ob die Darstellung als Darstellung der spezifischen ästhetischen Idee »Mitteilbarkeit« erreicht hat. Meines Erachtens ist es die Konkretisierung dieses, von Kant nicht weiter bestimmten, Strebens nach ›allgemeiner Mitteilbarkeit‹ in der konkreten künstlerischen Gestaltung und ihres Gehalts, die Schiller zu explizieren suchte. Denn gerade in diesem Prozess der künstlerischen Gestaltung und Kritik stellt sich die Herausforderung, zu prüfen, ob mit der jeweiligen gestalterischen Entscheidung eine ästhetische Reflexion ermöglicht wird und welche konkrete ästhetische Idee mit der Komposition des sinnlichen Materials, mit dem ›Objekt‹, wie Schiller es nennt, versinnlicht

werden kann. Die Kunstschaffenden zeichnet daher, wie
Kant betont, nicht nur das Vermögen ästhetischer Ideen
aus; sie müssen auch ›Geschmack‹, vorweisen können, um
mögliche ästhetische Effekte ihrer Produktion in ihrer Fan-
tasie (der Einbildungskraft) sinnlich zu antizipieren und sie
unter der Fragestellung ästhetisch zu beurteilen, ob durch
sie ›Mitteilbarkeit‹ erreicht bzw. ein reflexiver Nachvollzug
anderer ästhetisch Urteilender ermöglicht wird.

Wenn man die Frage nach den Qualitäten des Gegenstandes in diesem Zusammenhang verortet, steht die ›Ob-
jektseite‹ nicht in einer problematischen Unabhängigkeit
von den kritisch gegründeten subjektiven Grundlagen des
Geschmacksurteils. Es könnte vielmehr aus dem Stand-
punkt der ästhetischen Reflexion heraus die Frage gestellt
werden: Wenn ein Objekt ästhetisch beurteilt werden soll,
welche sinnlichen und intellektuellen Bedingungen müsste
seine konkrete Gestaltung jeweils erfüllen, um es in der ästhetischen Reflexion als frei erscheinen zu lassen und dies
ohne Umweg über einen Begriff zu ermöglichen? Welche
ästhetischen Synthesen könnten unter Berücksichtigung
der vier Momente im Verhältnis von Stoff und Form der
jeweils besonderen Komposition wahrgenommen werden?
Welche Naturprodukte oder Darstellungen erscheinen als
frei und fallen als selbstbestimmte Form »in die Sinne«?[75]
Dies kann in der Tat, wie Schiller andeutet,[76] nur durch Vergleichung, aber nicht der begrifflich bestimmten Objekte
selbst, sondern der konkreten Resultate der ästhetischen
Reflexion in Erfahrung gebracht werden.

Bis hierhin kann man meines Erachtens Schillers Anliegen folgen, ohne die Bedingungen einer kritischen Ästhetik zu verlassen oder die Kantische Theorie grundlegend zu
modifizieren. Die Anwendungen und Beispiele, die Schiller
dann in den Vorlesungen und in den *Kallias*-Briefen an-

führt, erregen jedoch Zweifel, ob er nicht doch, vielleicht auch durch den Bezug auf die praktische Vernunft, ein Prinzip gewählt hat, das die ästhetische Dimension der Freiheit in Frage stellt. Es liegt sicherlich in Schillers Intention, seine Überlegungen zur Frage der konkreten Analogiebildung und zu den materiellen Bedingungen der schönen Form als ›Proben‹ ästhetischer Symbolisierungen konkreter künstlerischer Gestaltungen zu verstehen. Dies wäre etwa der Fall, wenn er, wie auch schon Kant, darauf hinweist, dass die geometrische Form eines Triangels sich gänzlich durch einen Begriff (nach dessen Regel sie in der Anschauung konstruiert wurde) erklärt und, so würde es Kant formulieren, dadurch der Einbildungskraft in der ästhetischen Reflexion keine Freiheit eröffnet. Das ist deshalb der Fall, weil Trianglen und andere geometrische Figuren aus Begriffen konstruiert werden. So gesehen ließe sich von Trianglen überhaupt ausschließen, dass sie ästhetisch reflektiert und beurteilt werden können. Sie können auf Grund der vollständigen Bestimmtheit ihrer Form durch den Begriff in der ästhetischen Reflexion weder schöpferisch umgebildet noch mit einem anderen geistigen Gehalt symbolisch verbunden werden. Eine Schlangenlinie dagegen erscheint als frei, meint Schiller, kann ästhetisch reflektiert und daher als schön beurteilt werden.[77] Sie kann in der ästhetischen Reflexion mit der Vorstellung der Bewegung verknüpft werden als symbolische Versinnlichung der Abstrakta von Bewegung und Dynamik gelten, ohne dass ein Begriff dazu erforderlich wäre:[78] »Eine Form erscheint also frei, sobald wir den Grund derselben weder außer ihr finden *noch außer ihr zu suchen veranlaßt werden*«,[79] betont Schiller entsprechend auch in den *Kallias*-Briefen und formuliert den ästhetischen Grundsatz: »daß ein Objekt sich in der Anschauung als frei darstellt, wenn die Form deßelben den reflektirenden Verstand nicht zur Aufsuchung des Grundes nöthigt«, sondern »sich selbst erklärt«.[80]

Doch in den weiteren Beispielen der Ästhetik-Vorlesungen, die sich nicht mehr auf geometrische Konstruktionen, sondern auf das Naturschöne beziehen, scheint mir Schiller eine Richtung einzuschlagen, in der die Grenzziehung einer kritischen Ästhetik auf problematische Weise überschritten wird.[81] Insbesondere die Überlegungen zur menschlichen Gestalt scheinen eher zeitgenössische Idealvorstellungen zu formulieren, als dass sie ästhetische Effekte konkreter Gestaltung untersuchen: »frei und offen muss die Stirne sich wölben«, mein Schiller, und »die Nase muß fast gar keinen Winkel von der Stirne herab bilden, und nicht stark hervorspringen«, auch sei der »Mann [...] schön durch *Freiheit in der Stärke*, das Weib durch *Freiheit in der Schwäche*«.[82] In diesem Zusammenhang fordert Schiller, dass die ›Freiheit in der Erscheinung‹ auf die Natur des Dinges, also auf das, was ihm untrennbar zugehört, bezogen sein muss. Und daraus folgert er, dass die Freiheit jeweils eine Einschränkung erfahre, wenn diese Form als durch weitere, externe Einflüsse der Naturgesetze – zum Beispiel der Schwerkraft – deformiert erscheint.

Mit der Rede von der ›Natur des Dinges‹ wird die Perspektive auf den Gegenstand nun aber nicht mehr aus der ästhetischen Reflexion heraus eröffnet, sondern rekurriert auf teleologische und damit begriffliche Bestimmungen. Besonders deutlich wird dies meines Erachtens an einem Beispiel aus den *Kallias*-Briefen. In dem Brief vom 23. Februar 1793 meint Schiller:

Wenn man einen flüchtigen Blick durch das Thierreich wirft, so findet man, daß die Schönheit der Thiere in demselben Verhältniß abnimmt, als sie sich der *Maße* nähern, und bloß der Schwerkraft zu dienen scheinen. [... Hat] die Maße Einfluß gehabt auf die Bewegung, so heißt diese *unbehülflich*. Im Bau des Elefanten, des Bären, des Stiers usf. ist es die Maße, welche an der Form sowohl als an der Bewegung dieser Thiere einen sichtbaren Antheil hat. Die Maße aber muss jederzeit der Schwerkraft gehorchen, die sich gegen die Eigene Natur des organischen Körpers als eine fremde Potenz verhält.

Dagegen nehmen wir überall Schönheit wahr, *wo die Maße von der Form* und (im Thier- und Pflanzenreich) von den lebendigen Kräften (die ich in die Autonomie des organischen setze) *völlig beherrscht* wird.[83]

Es ist nun nicht nur so, dass ich mich nicht davon überzeugen kann, dass Elefanten generell minder schön sind als zum Beispiel Vögel. Letztere bezeichnet Schiller als »Symbole der Freiheit«, sofern sie am »meisten Empfindungen der Schönheit erregen«.[84] Bei Elefanten diene dagegen die Form der Masse (die von Schiller als etwas Heteronomes und der Freiheitswirkung Abträgliches angesehen wird) und die Masse habe ihrerseits sichtbar auf die Form und ihre Bewegungen Einfluss genommen. Es mag möglich sein, dass Schillers Diagnose in Bezug auf einen bestimmten Elefanten oder eine bestimmte Darstellung eines Elefanten zutreffend ist, so dass die konkrete sinnliche Erscheinung dazu führt, dass wir über den besonderen Elefanten ein negatives ästhetisches Urteil fällen. Doch als allgemeine Aussage würde das ästhetische Urteil (zum Beispiel über Elefanten) in diesen Fällen vorweg bestimmen, welche Klasse, und nicht, welche konkreten Gestaltungen von Gegenständen (Elefanten) auf Grund des allgemeinen Schemas, das ihrem Begriff zu Grunde liegt (sozusagen: die Elefantenform, auf die die Masse sichtbar Einfluss genommen hat), ästhetisch positiv beurteilt werden können.

Ein ästhetisches Urteil aber muss ein einzelnes Urteil bleiben, um seine Spezifität gegenüber theoretischen und praktischen Urteilen zu wahren. In ihm kann gerade nicht vorweg aus dem Begriff bzw. dem mit ihm verbundenen all-

gemeinen Schema entschieden werden, ob ein bestimmter
Gegenstand eine ästhetische Reflexion eröffnet und wel-
chen Ausgang diese nehmen wird; dies ist nur unter Bezug
auf die konkrete sinnliche, eben auch einzelne Erscheinung
und auch nur im tatsächlichen Vollzug einer ästhetischen
Beurteilung feststellbar. Über die ästhetische Qualität von
Elefanten als Klasse kann auf der Grundlage eines ästhetischen Urteils also nichts ausgesagt werden; noch weniger
lassen sich Elefanten als Klasse mit Vögeln als Klasse ästhetisch vergleichen. Auch im Rahmen von Urteilen der von
Kant sogenannten »anhängenden Schönheit«, in denen die
freie Schönheit gleichsam durch den Begriff ›fixiert‹ wird,
ist der ästhetischer Vergleich ganzer Klassen von Gegenständen nicht möglich, ohne dass das ästhetische Urteil auf
Begriffe gegründet und damit seine Eigenständigkeit verlieren würde. Wenn es, wie es auch Schillers eigene Überzeugung ist, bei der Begriffslosigkeit des ästhetischen Urteils bleiben soll, kann nicht ausgeschlossen werden, dass
es schöne Elefanten(-darstellungen) und weniger schöne,
sogar hässliche Elefanten(-darstellungen) gibt und ebenso
schöne und weniger schöne Vögel bzw. schöne und weniger
schöne Darstellungen derselben. Nicht aber lässt sich die
Aussage, dass Elefanten generell weniger schön als Vögel
seien, ästhetisch begründen. Sie hat allenfalls den Status
von Verallgemeinerungen einzelner ästhetischer Urteile,
wie Kant es am oben angeführten Beispiel der Rose verdeutlicht hat. Die Aussagen über Elefanten im Allgemeinen
wären dann selbst keine ästhetischen Urteile, sondern nur
Generalisierungen auf der Grundlage ästhetischer Urteile.

Die von mir oben aufgeworfene Frage ist mit diesen kritischen Überlegungen jedoch noch nicht beantwortet. Sie
lautete: Warum ist Schiller der Ansicht, dass er mit dem
Kriterium der ›Freiheit in der Erscheinung‹ einen ›sinnlich-

objektiven‹ und nicht nur (wie Kant) einen ›sinnlich-ratio-nalen‹ Weg in der Ästhetik einschlagen kann? Und wie be-gründet er die dabei behauptete Objektivität? Es ist die von Schiller vorgeschlagene Begründung der Objektivität, deren Konsequenzen in der Sache eine Skepsis erregen könnte. Die Objektivität des Schönen meint Schiller dadurch garan-tieren zu können, dass er die ›Freiheit in der Erscheinung‹ über eine Analogie an die praktische Vernunft bindet. Er ist sich offensichtlich darüber im Klaren, dass dieser Be-zug weder eine Selbstverständlichkeit ist, noch dass er auf Kantischer Grundlage unproblematisch hergestellt werden kann. Jedenfalls richtet er in diesem Zusammenhang im *Kallias*-Brief vom 8. Februar 1793 das Wort an seinen Brief-partner und meint:

> Ich vermuthe, Du wirst *aufgucken*, daß Du die Schönheit unter der Rubrike der theoretischen Vernunft nicht findest, und daß Dir ordentlich dafür bange wird. Aber ich kann Dir einmal nicht helfen, sie ist gewiß nicht bey der theoretischen Vernunft anzutreffen, weil sie von Begriffen schlechterdings unabhängig ist; und da sie doch zuverläßig in der *Familie der Vernunft* muß gesucht werden und es auser der theoretischen *Vernunft* keine andere als die praktische gibt, so werden wir sie wohl hier suchen müssen und auch finden.[85]

Mit dem Bezug auf die praktische Vernunft, der auch schon in den Ästhetik-Vorlesungen präsent ist, hat Schiller in der Tat ein objektives Prinzip ausgemacht. Der Bezug auf die praktische Vernunft eröffnet ihm seiner Ansicht nach die Möglichkeit, den mit ihr verbundenen Autonomiegedanken per Analogie auf die ästhetische Erscheinung zu übertragen und ihn, wie an den oben diskutierten Beispielen deutlich wird, zur Bestimmung von Bedingungen des Schönen auf Seiten des Gegenstandes bzw. der Darstellung zu nutzen. Im ästhetischen Urteil kann, so verstehe ich Schillers An-liegen, auf dieser objektiven, aber via Analogie gewonnenen

Grundlage geprüft werden, ob die jeweilige Erscheinung oder künstlerische Darstellung als Darstellung der ›Freiheit in der Erscheinung‹ gelten kann oder ob sie der Freiheit abträglich ist bzw. sie sich nur im Ausgriff auf Begriffe, auf eine Intention des Künstlers oder eine inhaltliche Zwecksetzung erschließt bzw. »erklärt«, wie Schiller sagt.[86] Dass sich zwischen ästhetischen Urteilen bzw. dem Geschmack und der Moralität Analogien entdecken lassen, geht auf Anregungen, die Schiller aus der Lektüre des Paragraphen 59 erhalten hat, zurück. Dort nämlich geht es nicht nur um die Möglichkeit der analogischen Versinnlichung von Abstrakta und Ideen, sondern auch um die systematische Vermittlungsleistung des Geschmacks und die Analogien wie auch Unterschiede, die sich im Verhältnis von ästhetischen und moralischen Urteilen entdecken lassen.[87]

In den *Kallias*-Briefen trägt Schiller dem analogischen Verhältnis von Geschmack und Moral durchaus Rechnung:[88]

> Weil aber diese Freiheit [gemeint ist: die Freiheit, die man bei der Betrachtung eines Naturwesens entdecken kann – Erg. der Verf.in] dem Objekte von der Vernunft bloß geliehen wird, *da nichts frey seyn kann als das übersinnliche*, und *Freiheit selbst nie als solche in die Sinne fallen kann* – kurz – da es hier bloß darauf ankommt, daß ein Gegenstand frey erscheine, nicht wirklich ist: so ist diese Analogie deines Gegenstandes mit der Form der praktischen Vernunft nicht Freiheit in der That, sondern bloß *Freiheit in der Erscheinung, Autonomie in der Erscheinung*.[89]

In seinen Beispielen gelangt Schiller auf der Grundlage dieser Analogie zu der weitergehenden Bestimmung, dass die Freiheit ästhetisch nur erscheinen kann, wenn sie sich gegen eine Einschränkung der eigenen Natur abhebt und dagegen durchsetzt. Denn »Freiheit kann nur mit Hülfe der Technik sinnlich dargestellt werden, so wie Freiheit des Willens nur

mit Hülfe der Causalität und materiellen Willensbestim-
mung gegenüber gedacht werden kann«.[90] Schiller meint
also, dass die Freiheit ästhetisch in die Erscheinung tritt,
wenn sich die Form zum Beispiel von der Schwerkraft löst,
oder, wie im Fall der Gartenkunst,[91] wenn die Beschneidung
der Natur nach dem Zirkel neue, von der Natur unabhän-
gige Formen eröffnet. Nach diesem Verständnis wird die
Freiheit aber vor allem als negative bestimmt, denn Schiller
selbst ist der Überzeugung, dass,

> der negative Begriff der Freiheit nur durch den positiven Begriff
> seines Gegentheils denkbar [ist] und so wie die Vorstellung
> der NaturCausalitæt nöthig ist, um uns auf die Vorstellung der
> Willensfreiheit zu leiten, so ist eine Vorstellung von *Technik* nöthig,
> um uns im Reich der Erscheinungen auf Freiheit zu leiten.[92]

Die Freiheit, die erscheint, zeigt sich als Unabhängigkeit
von den Kräften und Bildungen der Natur oder, wie im Fall
des Kunstschönen, als Unabhängigkeit von dem Charakter
des Künstlers, von der Materie und von dem Stoff, aus dem
die jeweilige Form gebildet wird.[93] Sie ist dadurch aber weder die der praktischen Vernunft noch scheint sie sich in
der ästhetischen Reflexion des Gegenstandes oder der Darstellung einzustellen. Als positive Freiheit kann sie gelten,
meint Schiller, wenn die besondere Form »im eigentlichen
Sinne zugleich selbstbestimmend und selbstbestimmt«,[94]
wenn diese also nicht bloß, wie Schiller hervorhebt, »Autonomie«, sondern »Heautonomie« zu erkennen gibt.[95] Unter
Heautonomie versteht Schiller in Anlehnung an Kant eine
Gesetzgebung, die eine Form sich selbst gibt.[96] Heautonom
ist seiner Ansicht nach »ein Ding, das durch sich selbst bestimmt ist oder so erscheint« und sich daher der Stoff in
der Form, der Körper in der Idee, die Wirklichkeit in der
Erscheinung verlieren.[97] Wenn an einer Bildsäule, so Schil-

lers Beispiel, auch nur »ein einziger Zug [ist], der den Stein
verräth, der also nicht in der Idee, sondern in der Natur des
Stoffes gegründet ist, so leidet die Schönheit; denn Hete-
ronomie ist da« – ›und nicht Heautonomie‹, müsste man
ergänzen.[98] Der Sache nach rekonstruiert Schiller hier aber
Kants Freiheit der ästhetischen Reflexion, die sich auf das
heautonome Prinzip der Zweckmäßigkeit, genauer: der for-
malen Zweckmäßigkeit, gründet. Dieses ist aber weder ein
Prinzip der praktischen Vernunft, sondern der Urteilskraft,
noch sind auf dieser Grundlage objektive Aussagen – nicht
einmal über die Synthesen der ästhetischen Reflexion, noch
weniger über die Eigenschaften der Gegenstände zu machen, die eine ästhetische Reflexion ermöglichen.[99] Im Zusammenhang seiner theoretischen Aussagen bleibt Schiller,
wenn auch gegen das eigene Vorhaben einer ›sinnlich-ob-
jektiven‹ Ästhetik, noch innerhalb der Kantischen Grenzen
einer ›subjektiv-rationalen‹ Ästhetik.

In den beispielhaften Erläuterungen dagegen verlässt
Schiller meines Erachtens diese Grundlagen und damit
auch den von Kant gesetzten Rahmen einer kritischen Ästhetik. Darin nämlich beschränkt er die ästhetische Freiheit
wieder auf die Unabhängigkeit von Stoff, Materie und Na-
turgesetz und expliziert gerade nicht die spezifisch ästhetische Freiheit der Heautonomie. Auch die ästhetische Freiheit aus der heautonom vollzogenen Reflexion erscheint in
der Natur und in künstlerischen Darstellungen (und nicht:
als moralische nach dem Sittengesetz), aber ihr Gesetz ist
dabei nicht nur ein negatives, sondern in Formen, die nicht
nur frei von Zwängen, Kräften und begrifflichen Bestimmung erscheinen, sondern schöpferisch entworfen werden,
die also ganz unabhängig von möglichen begrifflichen Bestimmungen als frei und zugleich intellektuell anregend
rezipiert werden können. Das aber würde bedeuten, dass

auch noch der Referenzrahmen, der die ästhetische *Freiheit erscheinen lässt,* nach ästhetischen Maßgaben entworfen werden kann und nicht von naturteleologischen oder naturwissenschaftlichen Bestimmungen vorgegeben wird. So gesehen würde die Heautonomie des Ästhetischen, die besondere ästhetische Freiheit, erst erscheinen, wenn in der Kunstproduktion und im ästhetischen Reflexionsprozess die Einbildungskraft sich in ihrer Freiheit zur »Urheberin willkührlicher Formen möglicher Anschauungen« entfalten kann.[100] Ob das im jeweiligen Fall tatsächlich gelingt, ist nicht vorweg ausgemacht. Ebenso wenig kann vorweg ausgeschlossen werden, dass nicht auch die Formen, die vor dem Hintergrund der Erfahrung und der sie bestimmenden Naturgesetze als »plump« und »unbehülflich« gelten,[101] wie es Schiller von den Elefanten sagt, in einer bestimmten Ansicht oder Darstellung ästhetisch nicht doch als frei und schön erscheinen könnten. Das Verfahren der Analogiebildung, das im Paragraphen 59 der *Critik der Urtheilskraft* demonstriert wird, eröffnet die Möglichkeit, dass die ästhetischen Qualitäten konkreter Elefanten(-darstellungen) in der ästhetischen Reflexion Analogien ermöglichen, durch die wir ihre Ansicht oder ihre Bewegung symbolisch als elegant, standhaft, majestätisch bezeichnen können.

Schiller meint zwar mit der praktischen Vernunft das objektive Prinzip des Schönen gefunden zu haben, zur Explikation des spezifisch ästhetischen Erscheinens rekurriert er darauf jedoch nicht.[102] Wohl aber nutzt er die möglichen Analogiebildungen zwischen ästhetischem Urteil und moralischem Urteil, zwischen Geschmack und Moral aus, um den Übergang, wie Kant es im Paragraphen 59 formuliert, »vom Sinnenreiz zum habituellen moralischen Interesse« zu ermöglichen,[103] ohne einen zu gewaltsamen Sprung fordern zu müssen. Dieser Übergang aber ist nicht dersel-

be wie der, den die Ästhetik in ihrer systematischen Ver-
mittlungsfunktion zwischen theoretischer und praktischer
Vernunft, Natur und Freiheit leistet. Ein Übergang wäre
vielmehr unmöglich, wenn die praktische Vernunft mit
ihrem Freiheitsbegriff tatsächlich das objektive Prinzip
ästhetischer Urteile bereitstellte. Würde die Freiheit der
praktischen Vernunft als objektives Prinzip fungieren, dann
gäbe es zur Vermittlung von theoretischer und praktischer
Vernunft kein unabhängiges drittes mehr, das diese
Vermittlung leisten kann. Der Preis der Objektivität wäre
die Eigenständigkeit der Ästhetik und zugleich auch ihre
Vermittlungsleistung. Kant scheint die Verführung geahnt
zu haben, die von der Analogie zwischen dem Schönen
und dem Guten, zwischen ästhetischen und moralischen
Urteilen ausgeht. Im Paragraphen 59 streicht er heraus,
dass sich die Urteilskraft im Falle der ästhetischen Urteile
»*selbst* das Gesetz«[104] gebe und es nicht die praktische Vernunft sei, von der sie es erhalte. Die Vermittlungsleistung
der ästhetischen Urteile sei, so Kant weiter, nur deshalb
möglich, weil die ästhetische Urteilskraft über das Naturschöne uns eine mit unseren Erkenntnisvermögen über-
einstimmende, zweckmäßige Natur erfahren lasse und sie
zugleich in eine Analogie zur Autonomie der praktischen
Vernunft gebracht werden könne. Es sind daher die ästhetischen Urteile, die »sowohl wegen dieser innern Möglichkeit im Subjecte [sich selbst zu bestimmen – Erg. der Verf.
in], als wegen der äußern Möglichkeit einer damit übereinstimmenden Natur auf etwas im Subjecte selbst und außer
ihm« bezogen sind, »was nicht Natur, *auch nicht Freiheit*,
doch aber mit dem Grunde der letzteren«, also der Freiheit [aber eben nicht mit ihr selbst – Erg. und Hervorh. der
Verf.in], »nämlich dem Übersinnlichen, verknüpft ist«.[105]
Dieses dritte, d.i. den Ausblick auf das Übersinnliche, er-

öffnen die heautonom gegründeten ästhetischen Urteile, und nur *darin* (und nicht in der Freiheit der praktischen Vernunft) können »das theoretische Vermögen mit dem praktischen auf gemeinschaftliche und unbekannte Art zur Einheit verbunden« werden, wie Kant es zugegebener Maßen nicht gerade leicht lesbar formuliert. Die Einsicht aber, die darin enthalten ist, kann ganz unabhängig von der Kantischen Ästhetik als kritische Frage an Schiller gerichtet werden: Wenn sich ästhetische Urteile auf die Freiheit der praktischen Vernunft gründeten, dann wäre doch eine Vermittlung des Sinnlichen mit dem Übersinnlichen der praktischen Vernunft gar nicht mehr nötig, und mit dem der theoretischen Vernunft nicht mehr möglich? Es ist diese systematische Konsequenz, die auch Schillers Absicht einer Vermittlung von Natur und Freiheit in Frage stellen würde.

Anmerkungen

1   Ich danke Herrn Niklas Sommer für seine Unterstützung und für seine Hinweise, die ich aus gemeinsamen Gesprächen und durch die Lektüre seiner an der Philipps-Universität Marburg vorgelegten Masterarbeit erhalten habe (vgl. ders.: Schillers Lektüre der *Kritik der Urteilskraft* 2016; vgl. ferner ders.: Schiller's Interpretation of the *Critique of the Power of Judgement* – A Proposal. In: Proceedings of the European Society for Aesthetics 7 (2015), S. 464–475). Dr. Helmut Hühn danke ich für die genaue Durchsicht und Redaktion des Textes; Dr. Peggy Hetmank-Breitenstein und apl. Prof. Dr. Andreas Eckl möchte ich für die kritische Lektüre und ihre hilfreichen Hinweise danken.

2   So etwa Hans Feger, der die Bedeutung Schillers für die Entwicklung des Deutschen Idealismus herausstreicht und die Auffassung vertritt, Schiller habe aus der Auseinandersetzung mit Kant »philosophische Konsequenzen« gezogen, »die – ohne die Grundstruktur der kantischen Erkenntniskritik anzutasten – über den Dualismus von Anschauung und Denken hinausführen« (ders.: § 59. Friedrich Schiller. In: Helmut Holzhey und Vilem Murdoch (Hrsg.): Die Philosophie des 18. Jahrhunderts. Bd. 5: Heiliges Römisches Reich Deutscher Nation. Schweiz. Nord- und Osteuropa. Erster Halbband, Basel 2014, S. 1356–1367, hier S. 1372 f.). Vgl. ebenfalls Niklas Sommer, der darauf hinweist, dass Schiller nicht vorhatte, Kant zu widerlegen, sondern seine grundlegenden Überlegungen für eine Kunsttheorie fruchtbar zu machen (ders.: Schiller's Interpretation of the *Critique of the Power of Judgement* [Anm. 1]). Ein ähnliches Anliegen verfolgt Florian Hauck: Schillers Denkbilder. Die Kunst in den ästhetischen Schriften. Würzburg 2020, S. 63. Jörg Noller wiederum versucht, Schillers Freiheitsbegriff explizit als ein an Kant angelehntes Freiheitsverständnis zu erläutern, das Schiller um die Konzeption der Heautonomie als individuelle Selbstbestimmung erweitert hat. Freiheit müsse damit als in natürlichen, geschichtlichen und sozialen Kontexten situiert gedacht werden (vgl. ders.: Autonomie oder Heautonomie? Kant und Schiller über Freiheit als moralische Selbstbestimmung. In: *Akten des 12. Internationalen Kant-Kongresses Wien* 5 (2018), S. 3411–3418, hier S. 3411). Gegen die verbreitete Ansicht, Schillers Ästhetik müsse als unkantisch beurteilt werden, vgl. schon: Wilhelm Windelband: Schillers transzendentaler Idealismus. In: Ders.: Präludien. Aufsätze und Reden zur Philosophie und ihrer Geschichte. Bd. 1. Tübingen 1915, S. 213 ff. In jüngerer Zeit hat Frederick Beiser gezeigt, dass

Schiller eine genaue und angemessene Lektüre von Kants Philosophie geleistet habe, vgl. ders.: Schiller as a Philosopher. A Re-Examination. Oxford 2005, S. 47–77. Kritisch bezieht sich Barbara Neymeyr auf Schillers Ästhetik und insbesondere auf sein Vorhaben der Versinnlichung des Moralischen; sie gelangt zu dem Ergebnis, dass dieses Konzept »weder mit den Prämissen der kantischen Ethik noch mit denen seiner Ästhetik kompatibel« sei und sogar die sinnvollen Kantische Differenzierungen zwischen Schönem, Gutem, Nützlichem und Angenehmen [...] suspendiert« (Dies.: Moralästhetik versus Pflichtenethik: Zur Problematik von Schillers Kant-Kritik. In: Jahrbuch der Deutschen Schillergesellschaft 65 (2021), S. 39–68, hier S. 54 und 56). Die Überzeugung, dass Schiller Kants Ästhetik nicht angemessen rezipiert hat und mit seinem eigenen Unternehmen, insbesondere dem Versuch der Deduktion eines objektiven Prinzips des Schönen, gescheitert ist, vertreten eine ganze Reihe von Autorinnen und Autoren verschiedenster philosophischer Ausrichtung, so auch Käte Hamburger, die auch begriffliche Widersprüche in Schillers Arbeiten insgesamt diagnostiziert (vgl. Dies.: Philosophie der Dichter. Novalis, Schiller, Rilke. Stuttgart u. a. 1966, S. 100. Paul de Man: Allegorien des Lesens. Frankfurt am Main 1988, S. 205–233, hier S. 206. Hans Meyer: Schillers Ästhetik und die Revolution. In: Ders.: Das unglückliche Bewußtsein. Zur deutschen Literaturgeschichte von Lessing bis Heine. Frankfurt am Main 1986; Sigbert Latzel: Die ästhetische Vernunft. Bemerkungen zu Schillers *Kallias* mit Bezug auf die Ästhetik des 18. Jahrhunderts, S. 248 f. In: Klaus L. Berghahn (Hrsg.): Friedrich Schiller. Zur Geschichtlichkeit seines Werks. Kronberg 1975, S. 241–253).

3   Vgl. *Fragmente aus Schillers aesthetischen Vorlesungen*; NA 21, 87.

4   NA 26, 112 und 119.

5   Vgl. insbesondere den Brief an Goethe vom 28. Oktober 1794, in dem sich Schiller zum »Kantischen Glauben« bekennt (NA 27, 74).

6   Vgl. Friedrich Schiller: Vollständiges Verzeichnis der Randbemerkungen in seinem Handexemplar der *Kritik der Urteilskraft*. In: Jens Kulenkampff (Hrsg.): Materialien zur Kritik der Urteilskraft. Frankfurt am Main 1974, S. 126–145.

7   NA 26, 77.

8   Vgl. Helmut Hühn und Nikolas Immer: Leben mit der Krankheit. Pathographie und Pathopoetik. In: Dies. und Ariane Ludwig (Hrsg.): Schillers Krankheiten. Pathographie und Pathopoetik. Hannover 2022, S. 7–23.

9   Vgl. NA 26, 191 und NA 42, 134.

10   NA 26, 127.

11   »Kants Kritik der Urteilskraft lag, wenn er auch unpäßlichkeitshalber
     das Bett hüten mußte, oder gar, wie er oft scherzen konnte, von Arze-
     neigläsern sich umlagert sah, immer nicht unweit jenes Belagerungs-
     geschützes [...].« (NA 42, 180).
12   Friedrich Schiller: Kallias oder über die Schönheit. In: Ders.: Sämtli-
     che Werke, auf der Grundlage der Originaldrucke hrsg. von Gerhard
     Fricke und Herbert G. Göpfert. Darmstadt 1993, S. 394–433; sowie
     ders.: Ueber Anmut und Würde. In: NA 20, 251–308. – Zur Kant-
     Rezeption in Schillers Ästhetischen Schriften vgl. etwa Wolfgang Dü-
     sing: Ästhetische Form als Darstellung der Subjektivität. Zur Rezep-
     tion Kantischer Begriffe in Schillers Ästhetik. In: Berghahn: Friedrich
     Schiller (Anm. 2), S. 197–239; ebenso: Georg Mein: Die Konzeption
     des Schönen. Der ästhetische Diskurs zwischen Aufklärung und Ro-
     mantik. Kant – Moritz – Hölderlin – Schiller. Bielefeld 2000; Dieter
     Henrich: Der Begriff der Schönheit in Schillers Ästhetik. In: Zeit-
     schrift für Philosophische Forschung 11 (1957), S. 527–547; Werner
     Strube: Schillers Kallias-Briefe oder über die Objektivität der Schön-
     heit. In: Literaturwissenschaftliches Jahrbuch 18 (1977), S. 115–131;
     auch: Matthias Luserke: Die Suche nach dem objektiven Begriff des
     Schönen. Von der Ästhetik Schillers zur Metaphysik des Schönen bei
     Schopenhauer. In: Zeitschrift für Germanistik 1 (1994), S. 24–34.
     Ebenfalls kritisch: Carsten Zelle: Von der Ästhetik des Geschmacks
     zur Ästhetik des Schönen. In: Horst Albert Glaser und György Vayda
     (Hrsg.): Die Wende von der Aufklärung zur Romantik 1760–1820.
     Amsterdam/Philadelphia 2001, S. 371–397.
13   Die Vorlesungsnachschriften finden sich in: NA 21, 66–88; Christian
     Friedrich Michaelis studierte ab 1792 in Jena, wo er Vorlesungen von
     C. L. Reinhold und F. Schiller sowie K. Ch. E. Schmid besuchte. Der
     Text der von ihm edierten Ästhetik-Vorlesungen ist nicht nur deshalb
     fragmentarisch, weil es sich um Nachschriften handelt, sondern auch,
     weil Michaelis nur diejenigen Teile der Vorlesungen berücksichtig-
     te, die nicht von Schiller selbst (wie etwa der Text *Vom Erhabenen.
     Zur weitern Ausführung einiger Kantischen Ideen* (NA 20, 171–195))
     herausgegeben wurden. Die Vorlesungen erschienen unter dem Titel
     *Noch ungedruckte Fragmente aus Schillers ästhetischen Vorlesun-
     gen vom Winterhalbjahr 1792–93* im Anhang von Christian Friedrich
     Michaelis (Hrsg.): Geist aus Schillers Werken, gesammelt von Christi-
     an Friedrich Michaelis. Zweite Abtheilung. Leipzig 1806.
14   NA 21, 81.
15   NA 21, 83.
16   NA 21, 83.
17   In der Tat muss man dabei eine gewisse Vorsicht walten lassen, so-

fern es sich bei den Texten um Nachschriften handelt, wie Benno von Wiese in seinem Kommentar mahnt (vgl. NA 21, 384); Helmut Pfotenhauer und andere (so etwa Jörg Robert: Schein und Erscheinung: Kant-Revision und Semiotik des Schönen in Schillers Kallias-Briefen. In: Georg Bollenbeck, Lothar Ehrlich (Hrsg.): Friedrich Schiller. Der unterschätzte Theoretiker. Köln/Weimar/Wien 2007, S. 159–175, hier S. 159, und Sommer: Schiller's Interpretation of the *Critique of the Power of Judgement* [Anm. 1]) würdigen die Vorlesungen dagegen und rügen, dass sie in der Forschung viel zu wenig beachtet werden. Zum Status der Ästhetik-Vorlesungen in der Forschung vgl. auch Wilhelm Amann: »Die stille Arbeit des Geschmacks«. Die Kategorie des Geschmacks in der Ästhetik Schillers und in den Debatten der Aufklärung, Würzburg 1999, S. 29 ff. Ebenso: Gerd Ueding: Schillers Rhetorik. Idealistische Wirkungsästhetik und rhetorische Tradition. Tübingen 1971, S. 40 sowie ders.: Rhetorik und Ästhetik in Schillers theoretischen Abhandlungen. In: Berghahn: Friedrich Schiller (Anm. 2), S. 159–194.

18 NA 21, 81.

19 NA 21, 67; das Schlusszitat: NA 21, 75.

20 NA 21, 66.

21 NA 21, 67.

22 Vgl. NA 21, 67 f.

23 NA 21, 69.

24 Vgl. NA 21, 80.

25 Ebd.

26 Ebd.

27 Ebd.

28 Vgl. Neymeyr: Moralästhetik versus Pflichtenethik (Anm. 2); Latzel: Die ästhetische Vernunft (Anm. 2); Düsing: Ästhetische Form (Anm. 9); und früher bereits Willy Rosalewsky: Schillers Ästhetik im Verhältnis zur Kantischen. Heidelberg 1912.

29 NA 21, 81.

30 So das Ergebnis von Niklas Sommer in seiner unveröffentlichten Masterarbeit: »Kants Begründung, dass sich nämlich das Schöne auf ein Gefühl der Lust gründe, erscheint ihm nicht ausreichend, um jedweden Bezug auf den Gegenstand selbst abzulehnen.« (ders.: Schillers Lektüre der *Kritik der Urteilskraft* [Anm. 1], S. 31).

31 NA 21, 81.

32 Vgl. ebd.

33 Ebd.

34 Ebd.

35 Ebd.

36   NA 26, 170 f.

37   NA 26, 176.

38   Vgl. *Kritik der Urtheilskraft*. In: Kants Gesammelte Schriften. Hrsg.
     von der Preußischen/Deutschen/Göttinger Akademie der Wissen-
     schaften. Berlin 1900 ff. (Akademie-Ausgabe), Bd. 5, S. 229. Alle Wer-
     ke Kants werden im Folgenden mit der Sigle AA unter Verweis auf die
     Seitenzahlen in der Akademie-Ausgabe angegeben.

39   Ebd., 229.

40   Ebd., 204 f.

41   Ebd., 205.

42   Ebd., 211.

43   Ebd., 219.

44   Ebd., 236.

45   Ebd., 240.

46   Vgl. Franz Koppe: Perspektiven der Kunstphilosophie. Frankfurt am
     Main 1991, S. 154; Georg Römpp: Kants Ästhetik: Eine Einführung.
     Köln 2020, S. 140.

47   AA 5, 203.

48   Ebd., 240.

49   Ebd., 215.

50   Ebd.

51   Ebd., 353.

52   Ebd.

53   Ebd.

54   Ebd.

55   NA 34/I, 58.

56   NA 26, 175.

57   Eine andere Erklärung für Schillers Kritik an Kant und dem damit
     verbundenen Anliegen einer Objektivität des Schönen erkennt Flo-
     rian Hauck in der anthropologischen Ausrichtung von Schillers Den-
     ken, vgl. ders.: Schillers Denkbilder (Anm. 2), S. 73. Vgl. dazu auch
     Wolfgang Riedel: Die Anthropologie des jungen Schiller. Zur Ideenge-
     schichte der medizinischen Schriften und der *Philosophischen Briefe*.
     Würzburg 1985, S. 374. Ähnlich auch Friedrich Strack, der Schiller
     nicht nur »sophistische[] Verdrehungskunst« in Bezug auf den Be-
     griffsgebrauch bescheinigt (vgl. ders.: Ästhetik und Freiheit. Hölder-
     lins Idee von Schönheit, Sittlichkeit und Geschichte in der Frühzeit.
     Tübingen 1976, S. 29), sondern betont, dass Schiller die anthropolo-
     gische Einheit des Menschen über die »logische Stringenz des Kanti-
     schen Systems« stelle (ebd., S. 31).

58   AA 5, 237.

59   Ebd., 304.

60 Gaston Bachelard: Epistemologie. Frankfurt am Main 1993, S. 133.

61 NA 21, 81.

62 NA 26, 176.

63 Vgl. NA 21, 83 f.

64 NA 21, 83.

65 So auch Niklas Sommer, der betont, dass Schiller in seiner Ästhetik die Kantische Grundlegung des ästhetischen Urteils voraussetzt und aus der Perspektive der Kunstkritik und des Künstlers zu bestimmen versucht, »what properties a specific object has to display in order to be at the center of an aesthetic judgement. In other words, what sort of depiction is able to invite an agent to make a judgement of taste?« (ders.: Schiller's Interpretation of the *Critique of the Power of Judgement* [Anm. 1], S. 466).

66 NA 21, 83.

67 Ebd.

68 Die Sprache steht durch ihre »Tendenz zum Allgemeinen« (NA 26, 228), wie Schiller in den *Kallias*-Briefen mehrfach betont, vor der Herausforderung, das Besondere zur Darstellung zu bringen; dies versucht freilich die poetische Sprache und die Beschreibungskunst bzw. Kunstbeschreibung, wie es etwa Winckelmanns Ekphrasen und Lessings *Laokoon* zeigen. In ihnen wird die der Sprache fehlende Anschaulichkeit eingelöst und Sinnlichkeit und Lebendigkeit gewissermaßen ›gezeigt‹.

69 NA 21, 84.

70 NA 26, 176. Frederick Beiser weist auf die Schwierigkeit hin, den ontologischen Status des schönen Gegenstandes zu bestimmen, vgl. ders.: Schiller as a Philosopher (Anm. 2), S. 54 f.

71 Johann Georg Krünitz: Ökonomisch-technologische Encyklopädie, oder allgemeines System der Staats-, Stadt-, Haus- und Landwirthschaft, und der Kunst-Geschichte in alphabetischer Ordnung. Zuerst fortgesetzt von Friedrich Jakob Floerken, nunmehr von Heinrich Gustav Flörke. 96. Theil. Berlin 1804, Abb. 21.

72 »Mit einem Worte, die ästhetische Idee ist eine einem gegebenen Begriffe beigestellte Vorstellung der Einbildungskraft, welche mit einer solchen Mannigfaltigkeit der Theilvorstellungen in dem freien Gebrauche derselben verbunden ist, daß für sie kein Ausdruck, der einen bestimmten Begriff bezeichnet, gefunden werden kann, die also zu einem Begriffe viel Unnennbares hinzu denken läßt, dessen Gefühl die Erkenntnißvermögen belebt und mit der Sprache, als bloßem Buchstaben, Geist verbindet.« (AA 5, 316).

73 NA 21, 87.

74 AA 5, 344.

75 NA 21, 86.
76 Vgl. ebd.
77 Vgl. NA 26, 125.
78 Vgl. NA 26, 194.
79 NA 26, 193.
80 Ebd.
81 Das betont auch Hans Feger, der in Schillers »eigenwilliger Kantre-
    zeption« die Einleitung einer Phase der ästhetischen Neuorientierung
    erkennt (ders.: § 59. Friedrich Schiller [Anm. 2], S. 439); Feger weist
    auch darauf hin, dass Schiller in der Folge der Subjektivierung der Äs-
    thetik eine naturphilosophische Dimension erkennt, deren Tragweite
    er zwar zunächst nicht erfasst, aber später für seine Kunsttheorie aus-
    zuwerten versucht.
82 NA 21, 82.
83 NA 26, 204 f.
84 NA 21, 82.
85 NA 26, 180 f.
86 NA 21, 87.
87 AA 5, 354.
88 Jörg Robert (Schein und Erscheinung [Anm. 17], S. 164) gelangt zu
    der Ansicht, dass Schiller zwar die »Strategie des Uneigentlichen«
    durchaus bewusst sei, er aber insbesondere an der Formel »Freiheit
    in der Erscheinung« den Index des Metaphorischen tilge, indem er
    »Freiheitsähnlichkeit« – »kurzweg« – mit »Freiheit« identifiziert.
    Robert verweist dazu auf: Briefwechsel zwischen Schiller und Körner.
    Hrsg., ausgewählt und kommentiert von Klaus L. Berghahn. Mün-
    chen 1973, S. 164.
89 NA 26, 182.
90 NA 26, 202.
91 Vgl. NA 26, 206.
92 NA 26, 202.
93 Vgl. NA 26, 224.
94 NA 26, 207.
95 NA 26, 224.
96 NA 26, 207. Vgl. dazu Kant: »Die Urtheilskraft hat also auch ein
    Princip a priori für die Möglichkeit der Natur, aber nur in subjecti-
    ver Rücksicht, in sich, wodurch sie nicht der Natur (als Autonomie),
    sondern ihr selbst (als Heautonomie) für die Reflexion über jene ein
    Gesetz vorscheibt [...]« (AA 5, 185 f.).
97 NA 26, 223 f.
98 NA 26, 225.

99 Im Paragraphen 59 wird keineswegs, wie Jörg Robert meint, »das Prinzip der praktischen Vernunft in die Sphäre des ästhetischen Urteils« übertragen (Anm. 17, hier S. 163). Darin liegt vielmehr das Missverständnis, das nicht nur Schiller, sondern auch einige heutige Interpret*innen der *Critik der Urtheilskraft* dazu verführt hat, den Freiheitsbegriff, von dem in den Paragraphen § 58 und 59 die Rede ist, vorschnell mit der praktischen Freiheit zu identifizieren bzw. Kant eine moralische Begründung des Geschmacksurteils zu unterstellen, so etwa Birgit Recki: Die Dialektik der ästhetischen Urteilskraft und die Methodenlehre des Geschmacks (§§ 55–60). In: Otfried Höffe (Hrsg.): Immanuel Kant. Kritik der Urteilskraft. Berlin 2008, S. 189–211.

100 AA 5, 240.

101 NA 26, 205.

102 Dass Schiller schon im Verlauf der *Kallias*-Briefe die Suche nach einem objektiven Grund des Schönen aufgegeben habe und selbst einem subjektiven Ansatz folge, betont Florian Hauck (Schillers Denkbilder [Anm. 2], S. 63) auch mit Bezug auf Robert Loth: Das Problem der Freiheit. Über die Schönheit in Schillers *Kallias*-Briefen. In: Jahrbuch der Deutschen Schillergesellschaft 60 (2016), S. 189–215, hier S. 200; ebenfalls Daniel Müller Niebala: Die »Gewalt« der »Vergleichung«. Zur Freiheit in Schillers Kant-Lektüre. In: Jahrbuch der Deutschen Schillergesellschaft 43 (1999), S. 222–240.

103 AA 5, 354.

104 Vgl. ebd., 353.

105 Ebd.

Andreas Schmidt

Fichte und Schiller
vor der Herausforderung der Geschichte

I. Einleitung

Im Folgenden möchte ich die Antrittsvorlesungen, die
Friedrich Schiller und Johann Gottlieb Fichte im Abstand von fünf Jahren in Jena gehalten haben, miteinander vergleichen.[1] Zu diesem Zweck werde ich diese beiden
Vorlesungen zunächst einzeln vorstellen. Ähnlichkeiten,
insbesondere hinsichtlich des in ihnen zum Ausdruck kom-
menden Ganzheitsdenkens, werden sich bereits in dieser
Präsentation zeigen; auf wesentliche Unterschiede werde
ich zum Schluss eingehen und die These vertreten, dass die
Erfahrung der Französischen Revolution eine nicht unbe-
deutende Rolle spielt, wenn man nach einer Erklärung für
diese Unterschiede sucht.

II. Schiller: *Was heißt und zu welchem Ende studiert man Universalgeschichte?* (1789)

Die äußeren Umstände der Antrittsvorlesung Schillers sind
wohlbekannt. Seine erste Vorlesungsreihe, die er als Extraordinarius der Philosophie (jedoch mit einem Lehrstuhl für
Geschichte) hielt, begann am 26. Mai 1789. Vorgesehen war
für die Antrittsvorlesung der Hörsaal im Haus von Karl Leonhard Reinhold, das sich neben dem Johannistor befand

(und heute leider nicht mehr erhalten ist); doch musste die Vorlesung aufgrund des großen Zulaufs von Hörern kurzfristig in das Auditorium des Theologen Johann Jakob Griesbach am Löbdergraben verlegt werden.[2] Die Überlegungen der ersten beiden Vorlesungsstunden wurden von Schiller noch im selben Jahr unter dem Titel *Was heißt und zu welchem Ende studiert man Universalgeschichte?* veröffentlicht, sowohl im November-Heft von Wielands *Teutschem Merkur* als auch in einem Sonderdruck.

Werfen wir einen kurzen Blick auf den Inhalt. Schiller beginnt seine Ausführungen damit, dass er eine Unterscheidung zwischen einem »Brodgelehrten« und einem »philosophischen Kopf« trifft. Dem Brotgelehrten werden eine Reihe von negativen Eigenschaften zugesprochen: Er ist ein eifersüchtiger Hüter etablierter Theorien und allen Innovationen abgeneigt. Er zieht sein Selbstwertgefühl allein aus öffentlicher Anerkennung, er pocht auf Statusfragen.[3] Außerdem, und das ist für meine Betrachtung der wichtigste Punkt: Der Brotgelehrte akzeptiert und unterstützt eine strikt arbeitsteilige Wissenschaftsorganisation, er begreift sich also als ein Spezialist. Schiller schreibt:

> ein solcher wird beym Eintritt in seine akademische Laufbahn keine wichtigere Angelegenheit haben, als die Wissenschaften, die er Brodstudien nennt, von allen übrigen, die den Geist nur als Geist vergnügen, auf das sorgfältigste abzusondern. Alle Zeit, die er diesen letztern widmete, würde er seinem künftigen Berufe zu entziehen glauben und sich diesen Raub nie vergeben.[4]

Der philosophische Kopf dagegen ist in allem das Gegenteil: Er strebt nach Innovation, weil er die Wahrheit mehr liebt als sein System; äußere Anerkennung ist ihm gleichgültig, die Beschäftigung mit seinem Gegenstand ist ihm Lohn genug. Aber vor allem – er ist Generalist:

Wie ganz anders verhält sich der philosophische Kopf! – Eben so
sorgfältig, als der Brodgelehrte seine Wissenschaft von allen übrigen
absondert, bestrebt sich jener, ihr Gebiet zu erweitern und ihren Bund
mit den übrigen wieder herzustellen – *herzustellen*, sage ich, denn
nur der abstrahirende Verstand hat jene Grenzen gemacht, hat jene
Wissenschaften von einander geschieden. Wo der Brodgelehrte trennt,
vereinigt der philosophische Geist. Frühe hat er sich überzeugt, daß
im Gebiete des Verstandes, wie in der Sinnenwelt, alles in einander
greife, und sein reger Trieb nach Uebereinstimmung kann sich mit
Bruchstücken nicht begnügen.[5]

Schiller unterscheidet hier nicht nur individuelle Typen von
Gelehrten, sondern durchaus auch unterschiedliche Formen der Universitätsorganisation. Das deutet er zumindest
an, wenn er vom »Schulsystem, das sie [die Brotgelehrten]
vertheidigen«,[6] spricht. Fragen der Universitätsreform, die
zwanzig Jahre später anlässlich der Gründung der Berliner
Universität wieder diskutiert werden, finden hier einen frühen Ausdruck.[7] Aufgabe der Universitäten sei es, ein Über-
blickswissen über alle Wissensgebiete zu ermöglichen, um
auf diese Weise Orientierung zu schaffen:

Wo er auch stehe und wirke, er [der philosophische Kopf] steht immer
im Mittelpunkt des Ganzen; und so weit ihn auch das Objekt seines
Wirkens von seinen übrigen Brüdern entferne, er ist ihnen verwandt
und *nahe* durch einen harmonisch wirkenden Verstand, er begegnet
ihnen, wo alle helle Köpfe einander finden.[8]

Wer Schillers Briefe *Ueber die ästhetische Erziehung des
Menschen* (1795) kennt, wird möglicherweise erwarten,
dass eine so ausgerichtete Wissenschaftsorganisation auch
ein Komplement hat in einer harmonischen Entwicklung
aller Vermögen der Studierenden. In der Antrittsvorlesung
wird dieser Punkt freilich nur kurz und andeutungsweise
angesprochen, wenn Schiller auf die Studierenden eingeht:
»eine Bestimmung theilen Sie alle auf gleiche Weise mit ei-

nander, diejenige, welche Sie auf die Welt mitbrachten –
sich als Menschen auszubilden«.[9] Es kommt also darauf an,
sich *als Mensch* auszubilden – nicht ausschließlich als Spezialist in einem Fach.

Dieses Streben nach Überblick betrifft nun nicht nur
die Gesamtheit der wissenschaftlichen Disziplinen; es betrifft auch die Gesamtheit der Geschichte, womit Schiller
auf sein eigenes Fach zu sprechen kommt. Geschichte müsse als Universalgeschichte betrieben werden. Nur so könne
auch die Geschichte als Orientierungswissenschaft dienen.
Das heißt nun, erstens, dass die Geschichte in ihrer Ganzheit betrachtet wird – »das große Gemählde der Zeiten und
Völker«;[10] es heißt zweitens, dass Geschichte als System
entworfen, nicht als Aggregat betrachtet wird, wobei sich
Schiller dessen bewusst ist, dass diese Systembildung auch
ein fiktionales Element in sich trägt:

> Weil die Weltgeschichte von dem Reichthum und der Armuth
> an Quellen abhängig ist, so müssen eben so viele Lücken in der
> Weltgeschichte entstehen, als es leere Strecken in der Ueberlieferung
> giebt. [...] So würde denn unsre Weltgeschichte nie etwas anders als
> ein Aggregat von Bruchstücken werden und nie den Nahmen einer
> Wissenschaft verdienen. Jezt also kommt ihr der philosophische
> Verstand zu Hülfe, und, indem er diese Bruchstücke durch künstliche
> Bindungsglieder verkettet, erhebt er das Aggregat zum System, zu
> einem vernunftmäßig zusammenhängenden Ganzen.[11]

Zu einem solchen System wird die Geschichte dann, wenn
man – drittens – das historische Geschehen, die vielen Ereignisse, in eine teleologische (heute würde man vielleicht
sagen: narrative) Form bringt:

> Je öfter also und mit je glücklicherm Erfolg er [der Historiker]
> den Versuch erneuert, das Vergangene mit dem Gegenwärtigen
> zu verknüpfen: desto mehr wird er geneigt, was er als *Ursache*
> und *Wirkung* in einander greifen sieht, als *Mittel* und *Absicht* zu

verbinden. Eine Erscheinung nach der andern fängt an, sich dem blinden Ohngefähr, der gesetzlosen Freyheit zu entziehen, und sich einem übereinstimmenden Ganzen (das freylich nur in seiner Vorstellung vorhanden ist) als ein passendes Glied anzureyhen.[12]

Aus »*Ursache* und *Wirkung*« werden also »*Mittel* und *Absicht*«.[13] Wie sieht nun, nach diesen methodischen Vorbemerkungen zur Geschichtsschreibung, Schillers konkretes Bild der historischen Entwicklung aus? Die Universalgeschichte, die Schiller erzählen möchte, ist eine Geschichte des kontinuierlichen Fortschritts der Vernunft, metaphorisch dargestellt am Modell der Lebensalter. Die Entdeckungen der europäischen Seefahrer, so Schiller,

zeigen uns Völkerschaften, die auf den mannichfaltigsten Stuffen der Bildung um uns herum gelagert sind, wie Kinder verschiedenen Alters um einen Erwachsenen herum stehen und durch ihr Beyspiel ihm in Erinnerung bringen, was er selbst vormals gewesen und wovon er ausgegangen ist.[14]

Die Entwicklung geht also von der Kindheit der Menschheit über einige Zwischenschritte zum Erwachsenenalter. (Vom Greisenalter der Menschheit ist freilich nicht die Rede.) Man hat den Eindruck, dass diese Entwicklungsgeschichte der Vernunft für Schiller in seiner Gegenwart auch fast schon an ihr Ende gekommen ist:

Die Schranken sind durchbrochen, welche Staaten und Nationen in feindseligem Egoismus absonderten. Alle denkenden Köpfe verknüpft jetzt ein weltbürgerliches Band, und alles Licht seines Jahrhunderts kann nunmehr den Geist eines neuern Galilei und Erasmus bescheinen.[15]

Dazu passt auch, dass die Zukunftsdimension in Schillers Betrachtung nur ganz am Ende des Vortrags erwähnt wird:

Unser *menschliches* Jahrhundert herbey zu führen haben sich –
ohne es zu wissen oder zu erzielen – alle vorhergehenden Zeitalter
angestrengt. [...] Und welcher unter Ihnen, bei dem sich ein heller
Geist mit einem empfindenden Herzen gattet, könnte dieser hohen
Verpflichtung eingedenk seyn, ohne daß sich ein stiller Wunsch in
ihm regte, an das *kommende* Geschlecht die Schuld zu entrichten, die
er dem vergangenen nicht mehr abtragen kann?[16]

Auch bei Fichte lässt sich, wie im Folgenden zu zeigen ist,
eine starke Betonung des Ganzheitscharakters der Wissenschaft finden, fundiert in seiner Anthropologie; aber der
Fokus verschiebt sich bei Fichte deutlich von der Vergangenheit auf die Zukunft hin.

III. Fichte: *Vorlesungen über die Bestimmung des Gelehrten* (1794)

Der Titel der Vorlesungsreihe, die Fichte am 23. Mai 1794
im Griesbachschen Auditorium beginnt, lautet: *De officiis
eruditorum*: *Von den Pflichten der Gelehrten*. Im September desselben Jahres werden die ersten fünf Vorlesungsstunden unter dem Titel *Vorlesungen über die Bestimmung
des Gelehrten* veröffentlicht.

Das Thema der von Schiller eingeforderten Systematizität ist im Werk Fichtes, des Systemdenkers par excellence,
natürlich omnipräsent – so schreibt er ganz zu Beginn seiner
Programmschrift *Über den Begriff der Wissenschaftslehre*,
ebenfalls von 1794: »Die Philosophie ist *eine Wissenschaft*
[...]. Eine Wissenschaft hat systematische Form; alle Sätze
hangen in einem einzigen Grundsatze zusammen, und ver-
einigen sich in ihm zu einem Ganzen«.[17] In der Antrittsvorlesung kommt der Terminus ›System‹ zwar nicht vor; die
Sache ist aber sehr wohl präsent. Fichte versucht in der Vorlesung eine Probe davon zu geben, was er sich unter einer

Abb. 1: Friedrich Bury: Porträt von Johann Gottlieb Fichte (dat. 1800). Kreidezeichnung auf Papier, 58 x 44 cm. Universität Jena: Kustodie (Kunstsammlung), Inventarnummer: Gr 460.

systematischen Entwicklung eines Begriffs vorstellt. Während bei Schiller die Systematizität durch eine teleologische Geschichtserzählung erreicht wird, verwendet Fichte das Mittel der »Deduktion« oder »Ableitung«, die bei ihm eine so zentrale Rolle spielt.[18] Fichte macht es sich in seiner Antrittsvorlesung zur Aufgabe, den Begriff des Gelehrten abzuleiten. Ich skizziere kurz die wesentlichen Schritte. Fichte stellt zunächst die Frage, was das Wesen des Menschen sei. Das Wesen des Menschen ist, so heißt es, »das reine Ich«.[19] Gemeint ist damit nichts anderes als die Eigenschaft, Vernunft zu haben.[20] Die Vernunft aber, sagt Fichte, ist Selbstzweck. Damit hat er schon seinen archimedischen Punkt für die Deduktion gefunden. Nun ist der Mensch aber nicht nur Vernunftwesen, er hat es auch mit einer Welt um sich herum zu tun (und zwar notwendigerweise, meint Fichte). Sofern der Mensch empfänglich sein muss für die Welt, ist er zugleich ein sinnliches, rezeptives Wesen. Damit ist die Notwendigkeit einer Dualität im Menschen abgeleitet: die Dualität von Vernunft und Sinnlichkeit. Dadurch können aber Konflikte im menschlichen Geist entstehen. Die Aufgabe des Menschen ist es, solche Konflikte aufzulösen und die Herrschaft der Vernunft wieder herzustellen, aber so, dass die Sinnlichkeit nicht vernichtet wird (wir brauchen sie ja, sie ist notwendig), sondern so, dass alle Kräfte und Vermögen in ein harmonisches Verhältnis gesetzt werden – freilich unter der Leitung der Vernunft:

> alle Kräfte des Menschen, welche an sich nur Eine Kraft sind, und bloß in ihrer Anwendung auf verschiedne Gegenstände unterschieden werden [...] sollen zu vollkommener Identität übereinstimmen, unter sich zusammenstimmen.[21]

Das Ziel der Selbstbildung der Menschen als Menschen, nämlich in sich die Ganzheit aller Vermögen auszubilden,

das in Schillers Vorlesung nur angedeutet war, steht bei
Fichte im Zentrum.

Da nun der Zustand der Harmonie oder Disharmonie
der menschlichen Vermögen aber auch von der Beschaffenheit der Dinge um ihn herum abhängt, muss der Mensch
auf diese so einwirken, dass er auch sie in Übereinstim-
mung mit seiner Bestimmung als Vernunftwesen bringt. Er
muss sie also handelnd modifizieren:

> Soll nun dennoch das Ich auch in dieser Rücksicht stets einig mit sich
> selbst seyn, so muß es unmittelbar auf die Dinge selbst, von denen
> das Gefühl und die Vorstellung des Menschen abhängig ist, zu wirken
> streben; der Mensch muß suchen, dieselben zu modificiren, und
> sie selbst zur Uebereinstimmung mit der reinen Form seines Ich zu
> bringen, damit nun auch die Vorstellung von ihnen, insofern sie von
> ihrer Beschaffenheit abhängt, mit jener Form übereinstimme.[22]

Aber der Mensch lebt nicht nur unter Dingen, er lebt auch in
der Gesellschaft, und auch das tut er nach Fichte notwendigerweise. Das Ziel der harmonischen Einheit transformiert
sich auf dieser Ebene zum Ziel einer Einstimmigkeit unter
allen Vernunftwesen: »Mithin ist das lezte, höchste Ziel der
Gesellschaft völlige Einigkeit und Einmüthigkeit mit allen
möglichen Gliedern derselben.«[23] Diese Einmütigkeit darf
nun aber nicht einfach hergestellt werden durch »Modifi-
kation« der anderen, als ob sie unbelebte Dinge wären; sie
geschieht vielmehr durch etwas, das Fichte »Wechselwirkung durch Freiheit« oder »Wechselwirkung nach Begriff-
fen« nennt,[24] also durch Kommunikation in der Absicht, die
anderen Vernunftwesen zu überzeugen, so aber, dass ihre
Freiheit in diesem Prozess respektiert wird.[25] Wer das nicht
tut, zeigt damit nur, dass er selbst noch kein wahres Vernunftwesen ist. Daher schreibt Fichte, in Vorwegnahme von
Hegels Dialektik von Herr und Knecht: »Jeder, der sich für
den Herrn anderer hält, ist selbst ein Sklav.«[26]

Nun gibt es an diesem Punkt aber eine Komplikation. Da die Natur unterschiedlich auf die Menschen einwirkt, entwickeln sie ihre Vermögen in unterschiedlicher Weise. Fichte hält es daher für legitim, dass jeder frei einen bestimmten »Stand« wählt – Fichte versteht darunter einfach einen Beruf –, einen Stand, in dem er, seinen besonderen Fähigkeiten gemäß, an der Vervollkommnung der Gesamtgesellschaft arbeitet. Kompensiert wird diese Trennung in verschiedene Stände dadurch, dass sie kooperieren und sich austauschen. Dafür ist nach Fichte durch einen »Mitteilungstrieb« und einen »Trieb zu empfangen« gesorgt – sei es, um sich, »von derjenigen Seite ausbilden zu lassen, von welcher [der andere] vorzüglich ausgebildet und wir vorzüglich ungebildet sind«, sei es einfach durch Austausch der Güter zum Zweck der allseitigen Befriedigung der Bedürfnisse.[27] Die Arbeitsteilung ist daher für Fichte völlig legitim. Es ist für ihn keineswegs so, dass eine Gesellschaft nur dann vollkommen wäre, wenn sie es – wie Marx schreiben wird – ermöglicht, »heute dies, morgen jenes zu tun, morgens zu jagen, nachmittags zu fischen, abends Viehzucht zu treiben, nach dem Essen zu kritisieren, wie ich gerade Lust habe, ohne je Jäger, Fischer, Hirt oder Kritiker zu werden.«[28] Nach Fichte muss die Arbeitsteilung so organisiert sein, dass sie da, wo es möglich ist, zur wechselseitigen Ausbildung der verschiedenen Vermögen führt, und dass dort, wo diese nicht möglich ist, zumindest ein Austausch der erarbeiteten Güter zur Befriedigung sämtlicher Bedürfnisse stattfindet, so dass wiederum die Entwicklung einer harmonischen Ganzheit auch auf dieser Ebene möglich wird.

Unter den Ständen gibt es nun einen besonderen Stand: den des Gelehrten, und hier ist Fichte endlich bei seinem eigentlichen Thema angelangt. Der Gelehrte ist der ›Spezi-

alist fürs Allgemeine‹. Ein solcher Spezialist ist notwendig.
Denn wenn der Mensch alle seine Vermögen in ein harmonisches Verhältnis setzen und auch die Welt um ihn herum
entsprechend modifizieren soll, dann muss er diese Vermögen zuvor gut kennen:

> Die Sorge für diese gleichförmige Entwickelung aller Anlagen des
> Menschen sezt zuvörderst die Kenntniß seiner sämmtlichen Anlagen,
> die Wissenschaft aller seiner Triebe und Bedürfnisse, die geschehene
> Ausmessung seines ganzen Wesens voraus. Aber diese vollständige
> Kenntniß des ganzen Menschen gründet sich selbst auf eine Anlage,
> welche entwickelt werden muss; denn es giebt allerdings einen Trieb
> im Menschen, zu *wissen*, und insbesondere dasjenige zu wissen, was
> ihm Noth thut. Die Entwickelung dieser Anlage aber erfordert alle
> Zeit und alle Kräfte eines Menschen; giebt es irgend ein gemeinsames
> Bedürfniß, welches dringend fordert, dass ein besonderer Stand
> seiner Befriedigung sich widme, so ist es dieses.[29]

Nun gesteht Fichte zu, dass auch im Gelehrtenstand eine
Spezialisierung nötig sein wird, und auch hier wird diese Spezialisierung kompensiert durch Wissensaustausch.
Denn es ist nach Fichte für jeden Gelehrten wichtig, immer
das große Ganze im Blick zu behalten. Jeder Gelehrte muss
insbesondere drei Arten von Kenntnissen zu erwerben suchen: Erstens, wie erwähnt, die Kenntnis aller Anlagen und
Bedürfnisse des Menschen – Fichte spricht hier von ›philosophischer Erkenntnis‹, zweitens die Kenntnis der Mittel, die Anlagen zu entwickeln und die Bedürfnisse zu be-
friedigen – Fichte spricht von ›philosophisch-historischer
Erkenntnis‹, und drittens die ›historische Erkenntnis‹. Er
begründet ihre Notwendigkeit folgendermaßen:

> Man muß wissen, auf welcher bestimmten Stufe der Kultur diejenige
> Gesellschaft, deren Mitglied man ist, in einem bestimmten Zeitpunkte
> stehe, – welche bestimmte Stufe sie von dieser aus zu ersteigen und
> welcher Mittel sie sich dafür zu bedienen habe. Nun kann man
> allerdings aus Vernunftgründen, unter Voraussetzung einer Erfahrung

überhaupt, vor aller bestimmten Erfahrung vorher, den Gang des Menschengeschlechts berechnen; man kann die einzelnen Stufen ohngefähr angeben, über welche es schreiten muß, um bei einem bestimmten Grade der Bildung anzulangen; aber die Stufe angeben, auf welcher es in einem bestimmten Zeitpunkte wirklich stehe, das kann man schlechterdings nicht aus bloßen Vernunftgründen; darüber muß man die Erfahrung befragen; man muß die Begebenheiten der Vorwelt – aber mit einem durch Philosophie geläuterten Blicke – erforschen; man muß seine Augen rund um sich herum richten, und seine Zeitgenossen beobachten.[30]

Fichte steht, nicht ganz zu Unrecht, in dem Ruf, sich kaum für Geschichte interessiert zu haben. So kolportiert Friedrich Schlegel in einem Brief vom 21. September 1796 an Christian Gottfried Körner:

Fichte sehe ich ziemlich oft […]. Es ist merkwürdig, wie er von allem, was er nicht ist, so ganz und gar keine Ahndung hat. – Das erstemahl, da ich ein Gespräch mit ihm hatte, sagte er mir: er wolle lieber Erbsen zählen, als Geschichte studieren. Ueberhaupt ist er wohl in jeder Wissenschaft schwach und fremd, die ein Objekt hat.[31]

Eine besondere Neigung zur Geschichte lässt sich Fichte also nicht zusprechen; aber in seinem Programm dessen, was der Gelehrte idealerweise leisten sollte, hat die Geschichte doch eine prominente Rolle: Denn, so Fichte, jeder Gelehrte müsse historisches Wissen erwerben, um seinen eigenen Ort im großen ›Gemälde‹ der geschichtlichen Entwicklung erkennen zu können.

IV. Fichte und Schiller vor der Herausforderung der Geschichte

Aber an dieser Stelle, an der Fichte nun endlich Kontakt bekommt mit dem Themenbereich, der auch von Schiller in seiner Antrittsvorlesung behandelt wurde, werden auch einige Differenzen sichtbar. Der Gelehrte, heißt es bei Fichte, ist der »*Lehrer* des Menschengeschlechtes« oder auch »*Erzieher* der Menschheit«.[32] Denn ohne ihn geht es nicht: »Von dem Fortgange der Wissenschaften hängt unmittelbar der ganze Fortgang des Menschengeschlechts ab. Wer jenen aufhält, hält diesen auf.«[33] Bei Schiller war von einer solchen hyperbolischen Rolle des Gelehrten keine Rede, ja sie würde schlecht passen zu seiner Metaphorik der Lebensalter, die sich auf natürliche Weise entwickeln. Außerdem scheint die Bestimmung der Jetzt-Zeit für Fichte eine besondere Dringlichkeit zu besitzen. Man beachte die Rhetorik Fichtes:

> Aber er [der Gelehrte] hat die Menschen nicht nur im allgemeinen mit ihren Bedürfnissen und den Mitteln, dieselben zu befriedigen, bekannt zu machen: er hat sie insbesondere zu jeder Zeit und an jedem Orte auf die eben *jezt*, unter *diesen* bestimmten Umständen eintretenden Bedürfnisse und auf die bestimmten Mittel, die *jezt* aufgegebenen Zwecke zu erreichen, zu leiten.[34]

Diese Dringlichkeit ergibt sich daraus, dass *jetzt* Entscheidungen getroffen werden müssen – Entscheidungen, die naturgemäß Zukünftiges betreffen. Fichte fährt daher fort:

> Er [der Gelehrte] sieht nicht bloß das Gegenwärtige, er sieht auch das Künftige; er sieht nicht bloß den *jetzigen* Standpunkt, er sieht auch, wohin das Menschengeschlecht *nunmehr* schreiten muß.[35]

Fichtes Diskurs ist im Vergleich mit Schiller von einem viel stärkeren Aktivismus, ja von einer Dringlichkeit zu handeln

geprägt. Und vor allem: Fichte sieht sich in einer Konfliktsituation, umgeben von den Kräften der ›Dunkelheit‹. Er
greift zu religiöser Metaphorik und antizipiert bereits ein
künftiges Schicksal als Märtyrer der Aufklärung:

> Ich bin dazu berufen, der Wahrheit Zeugniß zu geben; an meinem
> Leben, und an meinen Schicksalen liegt nichts; an den Wirkungen
> meines Lebens liegt unendlich viel. Ich bin ein Priester der Wahrheit;
> ich bin in ihrem Solde; ich habe mich verbindlich gemacht, alles für
> sie zu thun und zu wagen, und zu leiden. Wenn ich um ihrer willen
> verfolgt und gehaßt werden, wenn ich in ihrem Dienste gar sterben
> sollte – was thät ich dann sonderliches, was thät ich dann weiter, als
> das, was ich schlechthin thun müßte?[36]

Und auch die Studierenden stimmt er entsprechend auf
künftiges Leid ein:

> Sie werden sie [die Menschen] ganz anders finden, als Ihre Sittenlehre
> sie haben will. Je edler und besser Sie selbst sind, desto schmerzhafter
> werden Ihnen die Erfahrungen seyn, die Ihnen bevorstehen: aber
> lassen Sie Sich durch diesen Schmerz nicht überwinden; sondern
> überwinden Sie ihn durch Thaten. Auf ihn [den Schmerz] ist gerechnet;
> er ist in dem Plane für die Verbesserung des Menschengeschlechts
> mit in Anschlag gebracht.[37]

Solche Töne fehlen in Schillers Antrittsvorlesung ganz.

Nun haben diese Unterschiede ihren Ursprung wohl
nicht nur in unterschiedlichen theoretischen Ausrichtungen
oder unterschiedlichen Charaktermerkmalen von Schiller
und Fichte, sie haben auch eine konkrete historische Signa-
tur, die sichtbar wird, wenn man sich die Daten genauer
ansieht: Schiller beginnt seine Vorlesung am 26. Mai 1789,
nicht einmal zwei Monate vor dem Sturm auf die Bastille;
Fichte trägt ab dem 23. Mai 1794 vor, zu einer Zeit, als die
Terreur noch in vollem Gange ist. Fichte sieht sich als Pro-
tagonist in einer historischen Konfliktsituation, in der Entscheidungen getroffen werden müssen. Daher die Betonung

der Zeitgenossenschaft, der Dringlichkeit des Handelns, der Kampf- und Märtyrerrhetorik. Für Schiller stellt sich die historische Situation am 26. Mai 1789 noch ganz anders dar. Seine Beschreibung der Gegenwart ist geschichtsoptimistisch: Es seien nun »[d]ie Schranken [...] durchbrochen, welche Staaten und Nationen in feindseligem Egoismus absonderten«, alle »denkenden Köpfe« verknüpfe »jetzt ein weltbürgerliches Band«.[38] Fichte, in der geschichtlich fortgeschrittenen Situation der Französischen Revolution, sieht sich dagegen genötigt, Partei zu ergreifen; und wo er steht, deutet er zumindest an. Eine einschlägige Passage wurde oben schon zitiert: »Jeder, der sich für den Herrn anderer hält, ist selbst ein Sklav.«[39] An anderer Stelle heißt es: »Der Staat geht, ebenso wie alle menschlichen Institute, die bloße Mittel sind, auf seine eigene Vernichtung aus: *es ist der Zweck aller Regierung, die Regierung überflüßig zu machen.*«[40] Fichte ist nicht nur ein Befürworter der Französischen Revolution, er präsentiert sogar seine *Wissenschaftslehre* programmatisch als deren philosophisches Gegenstück:

> Mein System ist das erste System der Freiheit; wie jene Nation [sc. die französische, AS] von den äußern Ketten den Menschen losreis't, reis't mein System ihn von den Feßeln der Dinge an sich, des äußern Einflußes los, die in allen bisherigen Systemen, selbst in dem Kantischen mehr oder weniger um ihn geschlagen sind, u. stellt ihn in seinem ersten Grundsatze als selbstständiges Wesen hin.[41]

Auch Schiller sieht sich *nach* 1789 seinerseits genötigt, seine Position neu zu bestimmen.[42] Anders als Fichte ist er erschüttert über die Brutalität der Revolution – »da werden Weiber zu Hyänen« –,[43] und zugleich stellt sich für ihn das Problem, dass diese Barbarei gerade im Namen des Fortschritts der Vernunft geschieht.[44] In Reaktion auf die geschichtlichen Erfahrungen schreibt Schiller die Briefe *Ueber die ästhetische Erziehung des Menschen*, auf die ich nun zum Schluss noch ganz kurz eingehen möchte.

Im Rahmen dieser Briefe diagnostiziert Schiller den revolutionären Gewaltausbruch so, dass sich im Geist des modernen Menschen eine Pathologie entwickelt hat: Im Menschen gibt es einen Dualismus von Vernunft und Sinnlichkeit (oder »Formtrieb« und »Sachtrieb«, wie Schiller auch sagt); beide sollen konvergieren und kooperieren. Das tun sie aber unter den Bedingungen der Moderne nicht mehr: Sei es, dass die sinnlichen Neigungen dominieren – das ist der Fall bei denen, die Schiller »die Wilden« nennt; sei es, dass allein die Vernunft dominiert – das ist der Fall bei denen, die Schiller als »die Barbaren« bezeichnet. Diese psychischen Pathologien haben nach Schiller einen sozialen Grund und sind historisch verortbar: Die immer stärker werdende Arbeitsteilung ist es, die zu einer inneren Zerrissenheit der Menschen führt, da sie ihre Talente nur noch ganz einseitig ausleben können. Die Lösung dieses innerpsychischen Entfremdungsproblems erwartet Schiller von der Kunst und der Wirkung, die diese auf die Menschen hat. Aufgabe der Kunst ist es, gerade die schwächere Seite des innerpsychischen Machtkampfes zu stärken, so dass beide Seiten schließlich in ein harmonisches Verhältnis gesetzt werden und der Mensch auf diese Weise innere Freiheit gewinnt. Die Kunst soll auf diese Weise die psychischen Effekte der Entfremdung heilen: Sie wird zum Therapeutikum. Erst wenn diese harmonische innere Disposition hergestellt ist, ist der Weg frei für einen funktionierenden Vernunftstaat.

Fichte hat auf diese Ideen Schillers reagiert, wenn auch nur in einer knappen Bemerkung. Im Juni 1795 bietet er Schiller für die *Horen* einen Aufsatz an – *Über Geist und*

Buchstab in der Philosophie, der seinerseits aus der Antrittsvorlesung hervorgegangen ist. Fichte erwähnt zwar nicht explizit Schillers Briefe *Ueber die ästhetische Erziehung*, aber an einer Stelle nimmt er implizit doch Bezug auf sie:

> Wenn es von der einen Seite nicht rathsam ist, die Menschen frei zu lassen, ehe ihr ästhetischer Sinn entwickelt ist, so ist es in der anderen Seite unmöglich, diesen zu entwickeln, ehe sie frei sind; und die Idee, durch ästhetische Erziehung die Menschen zur Würdigkeit der Freiheit, und mit ihr zur Freiheit selbst zu erheben, führt uns in einem Kreise herum, wenn wir nicht vorher ein Mittel finden, im Einzelnen von der grossen Menge den Muth zu erwecken, Niemands Herren und Niemands Knechte zu seyn.[45]

Fichtes Punkt ist klar: Die Entwicklung eines ästhetischen Sinnes setzt freie Lebensverhältnisse bereits voraus; sie können daher durch die Kunst nicht erst hervorgebracht werden. Gerade der Idealist Fichte würde also dem Marxschen Diktum zustimmen: »Nicht das Bewußtsein bestimmt das Leben, sondern das Leben bestimmt das Bewußtsein.«[46] Zuerst sind die Verhältnisse zu ändern, die Heilung der geistigen Pathologien wird dann schon folgen.[47]

V. Schluss

Schiller und Fichte nutzen ihre Antrittsvorlesungen nicht nur, um ihren Forschungsschwerpunkt und ihr wissenschaftliches Selbstverständnis zu präsentieren; sie nehmen auch – mehr oder weniger explizit – Stellung zu Fragen der Universitätsorganisation. Aufgabe der Universität ist es, Überblicks- und Orientierungswissen zu vermitteln, um so die eigene Rolle im Prozess der Aufklärung erkennen zu können. Rhetorische Differenzen – insbesondere die Kampf- und

Märtyrermetaphorik Fichtes, die bei Schiller völlig fehlt –
lassen sich auf Unterschiede der historischen *Erfahrung*
zurückführen: die Erfahrung der Französische Revolution,
die die beiden Antrittsvorlesungen trennt. Bezieht man jedoch auch Schillers Briefe *Ueber die ästhetische Erziehung
des Menschen* in die Betrachtung ein, wird deutlich, dass
Schiller und Fichte auch eine unterschiedliche *Bewertung*
der Französischen Revolution trennt. Freilich sollten diese
politischen Divergenzen nicht überbewertet werden. Schiller ist von Fichtes kämpferischen *Vorlesungen über die Bestimmung des Gelehrten* durchaus angetan. Anlässlich der
Veröffentlichung der gedruckten Version schreibt er am 8.
September 1794 an Johann Benjamin Erhard: »In einem
Publicum [d.h. einer öffentlichen Vorlesung, AS], das Fichte […] ließt, hat er sehr herrliche Ideen ausgestreut, die eine
Anwendung seiner höchsten Grundsätze auf die Menschen
in der Gesellschaft enthalten«.[48] Und auch Fichtes Schiller-
Kritik in *Über Geist und Buchstab in der Philosophie* bleibt
durchaus zurückhaltend. Als es 1795 im sogenannten *Horen*-Streit zum Bruch zwischen Fichte und Schiller kommt,
ist nicht die unterschiedliche Auffassung der Revolution der
Grund, sondern die Frage, welcher Schreibstil für populä-
re philosophische Texte angemessen sei.[49] Auch nach diesem Bruch bleibt Fichtes Wertschätzung gegenüber Schiller
hoch. Im Wintersemester 1798/99 äußert er sich anerkennend über Schillers Briefe *Ueber die ästhetische Erziehung
des Menschen*,[50] und 1805 schreibt er anlässlich des Todes
Schillers an Wilhelm von Wolzogen: »Ich hatte an ihm noch
Einen der höchstseltenen gleichgesinnten über geistige An-
gelegenheiten. Er ist hin; ich achte, daß in ihm ein Glied
meiner eignen geistigen Existenz mir abgestorben sey.«[51]

Anmerkungen

1   Die mündliche Vortragsform wird in der schriftlichen Darstellung weitgehend beibehalten.

2   Vgl. den Brief Schillers an Körner vom 28. Mai 1789. NA 25, 256–260.

3   Es liegt eine gewisse Ironie darin, dass, als die Vorlesung als Buch veröffentlicht wurde, der *ordentliche* Jenaer Professor für Geschichte, Christoph Gottlob Heinrich, gegen die Anmaßung des *Extraordinarius* Schiller protestierte, sich als Professor der Geschichte zu bezeichnen, was statusgemäß allein ihm, Heinrich, zustehe. Damit hat Heinrich sich nach Schillers Klassifikation als »Brodgelehrter« zu erkennen gegeben, dem es vornehmlich darum zu tun ist, seine Privilegien zu bewahren. Zu den Details des Streites vgl. Hans Tümmler: »Signore Schiller«. Der zunftfremde Geschichtsprofessor und die Jenaer Philosophische Fakultät 1798 [recte: 1789]. In: Archiv für Kulturgeschichte 58 (1976), S. 444–458.

4   NA 17, 360.

5   Ebd., 362.

6   Ebd., 361.

7   Zum Universitätsdiskurs um 1800 siehe den nützlichen Überblick in Holger Gutschmidt: Von der ›Idee einer Universität‹ zur ›Zukunft unserer Bildungsanstalten‹ – Bildungsbegriff und Universitätsgedanke in der deutschen Philosophie von Schiller bis Nietzsche. In: Jürgen Stolzenberg und Lars-Thade Ulrichs (Hrsg.): Bildung als Kunst. Fichte, Schiller, Humboldt, Nietzsche. Berlin/New York 2010, S. 149–167.

8   NA 17, 363.

9   Ebd., 359 f.

10 Ebd., 374.

11 Ebd., 372.

12 Ebd., 373.

13 Zur genauen Rekonstruktion von Schillers geschichtswissenschaftlicher Methodik vgl. Lucian Hölscher: Die Zeit des Historikers. Friedrich Schillers Konzept einer perspektivischen Geschichtsschreibung. In: Helmut Hühn, Dirk Oschmann und Peter Schnyder (Hrsg.:) Schillers Zeitbegriffe. Hannover 2018, S. 249–263. Zur Transformation von Schillers Geschichtsdenken vgl. bes. Wolfgang Riedel: Weltgeschichte als »erhabenes Object«: zur Modernität von Schillers Geschichtsdenken. In: Weimarer Schillerverein (Hrsg.): Schiller um 1800: am Beginn der Moderne. Weimar/Marbach am Neckar 2001, S. 3–22.

14 NA 17, 364.

15 Ebd., 366.

16 Ebd., 375 f.

17 Johann Gottlieb Fichte: Über den Begriff der Wissenschaftslehre. In: Ders.: Gesamtausgabe der Bayerischen Akademie der Wissenschaften [fortan: GA]. Hrsg. von Reinhard Lauth und Hans Jacob. Stuttgart/ Bad Cannstatt 1962 ff. – Hier: Reihe I, Bd. 2, S. 112.

18 »Die philosophischen Beweise sind demnach Deduktionen« (GA IV, 3, 37), heißt es programmatisch in Fichtes *Züricher Vorlesungen* von 1794. Zum Unverständnis seiner Zeitgenossen darüber, dass Fichte auch Erfahrungstatsachen wie die Existenz »andere[r] vernünftige[r] Wesen«, ja sogar die Existenz von »Luft und Licht« zu deduzieren unternimmt, siehe Fichtes *Annalen des philosophischen Tons* von 1797 (GA I, 4, 283–321).

19 GA I, 3, 28.

20 In der *Wissenschaftslehre nova methodo* schreibt Fichte »In der gedruckten Wissenschaftslehre ist das reine Ich zu verstehen als Vernunft überhaupt, die von der persönlichen Ichheit ganz verschieden ist.« (GA IV, 2, 240) Näher identifiziert Fichte das »reine Ich« mit der *praktischen* Vernunft. So heißt es in der *Sittenlehre* von 1798: »So wird [...] behauptet das Primat der Vernunft, in wiefern sie praktisch ist. Alles geht aus vom Handeln, und vom Handeln des Ich« (GA I, 5, 95).

21 GA I, 3, 30.

22 Ebd., 30 f.

23 Ebd., 40.

24 Ebd., 37.

25 Zur Intersubjektivitätslehre Fichtes vgl. Reinhard Lauth: Das Problem der Interpersonalität bei J. G. Fichte. In: Ders.: Transzendentale Entwicklungslinien von Descartes bis zu Marx und Dostojewski. Hamburg 1989, S. 180–195.

26 GA I, 3, 39.

27 Ebd., 44.

28 Karl Marx: Die Deutsche Ideologie. In: Ders.: Werke [fortan: MEW]. Hrsg. vom Institut für Marxismus-Leninismus beim Zentralkomitee der Sozialistischen Einheitspartei Deutschlands. Berlin 1956–1990. – Hier: Bd. 3, S. 33.

29 GA I, 3, 52.

30 Ebd., 53.

31 Friedrich Schlegel: Kritische Friedrich-Schlegel-Ausgabe. Hrsg. von Ernst Behler unter Mitwirkung von Jean-Jacques Anstett und Hans Eichner. München u.a. 1958 ff., Bd. 23, S. 333.

32 GA I, 3, 56 f.

33 Ebd., 54.

34 Ebd., 56. Hervorhebung von AS.

35 Ebd., 56 f. Hervorhebung von AS.

36 Ebd., 58.

37 Ebd., 67.

38 NA 17, 366.

39 GA I, 3, 39.

40 Ebd., 37.

41 Brief an Jens Immanuel Baggesen, April/Mai 1795. GA III, 2, 298.

42 Zu Schillers politischer Verortung in den Jahren 1781 bis 1800 siehe z.B. Frederick C. Beiser: Enlightenment, Revolution, and Romanticism. The Genesis of Modern German Political Thought, 1790–1800. Cambridge, MA/London 1992, Kap. 4.

43 Vgl. Friedrich Schiller: *Das Lied von der Glocke* (1799). NA 2, I, 227–239, hier 237.

44 Ein Problem, das Hegel in der *Phänomenologie des Geistes* (1807) noch beschäftigen wird, und zwar im Kapitel »Die absolute Freiheit und der Schrecken«.

45 GA I, 6, 348.

46 MEW 3, 27.

47 Freilich ist sich Schiller dieser Problematik sehr wohl bewusst, schreibt er doch in seinen *Augustenburger Briefen*: »Man wird daher immer finden, daß die gedrücktesten Völker auch die borniertesten sind; daher muß man das Aufklärungswerk bey einer Nation mit Verbesserung ihres physischen Zustandes beginnen. Erst muß der Geist vom Joch der Nothwendigkeit losgespannt werden, ehe man ihn zur Vernunftfreiheit führen kann.« (NA 26, 298 f.).

48 NA 27, 41. Außerdem empfiehlt er das Buch Christian Gottfried Körner (NA 27, 66) und Friedrich Wilhelm von Hoven (ebd., 91 ff.) zur Lektüre. Fichtes frühe Jenaer Schriften blieben auch nicht ohne Einfluss auf Schillers Briefe *Ueber die ästhetische Erziehung des Menschen*; vgl. dazu Christoph Binkelmann: Wechselwirkung im Spieltrieb. Schillers konfliktuöser Bezug auf Fichte. In: Gideon Stiening (Hrsg.): Friedrich Schiller: Über die Ästhetische Erziehung des Menschen in einer Reihe von Briefen, Berlin/Boston 2019, S. 139–154.

49 Siehe Dorothea Wildenburg: ›Aneinander vorbei‹ – Zum Horenstreit zwischen Fichte und Schiller. In: Fichte-Studien 12 (1997), S. 27–41; Alice Stašková: Friedrich Schiller und die Popularität des Vortrags. Eine erneute Lektüre seiner Auseinandersetzung mit Johann Gottlieb Fichte, in: Schiller und die Romantik, hrsg. von Helmut Hühn, Nikolas Immer und Ariane Ludwig. Weimar 2018, S. 11–27. Eine nach wie vor nützliche Zusammenstellung relevanter Zeugnisse zum Verhältnis von Fichte und Schiller findet sich in Elisabeth Winkelmann: Schiller

und Fichte. In: Zeitschrift für Geschichte der Erziehung und des Unterrichts 24 (1934), S. 177–248.

50 »Auf diese Wechselw[ürkung] [von Materialismus und Idealismus, AS] kommt es der WißenschaftsLehre vorzüglich an (Am besten verstanden von Herrn Hofrath Schiller in den Briefen über ästhetische Erziehung in den Horen)« (GA IV, 3, 372).

51 GA III, 5, 304.

Siglen

BA   Friedrich Schiller: Sämtliche Werke. Hrsg. von Hans-Günther Thalheim u.a. 10. Bde. Berlin u.a. 1980–1990 [Neuauflage Berlin 2005].

DWb Deutsches Wörterbuch von Jacob und Wilhelm Grimm. 16 Bde. Leipzig 1854–1954.

FA/G Johann Wolfgang Goethe: Sämtliche Werke. Briefe, Tagebücher und Gespräche. Hrsg. von Friedmar Apel u.a. 40 Bde. Frankfurt am Main 1985–2013.

FA/S Friedrich Schiller: Werke und Briefe. Hrsg. von Otto Dann. 12 Bde. Frankfurt am Main 1988–2004.

GB   Johann Wolfgang Goethe: Briefe. Historisch-kritische Ausgabe. Im Auftrag der Klassik-Stiftung Weimar / Goethe- und Schiller-Archiv / (ab 2017:) In Verbindung mit der Sächsischen Akademie der Wissenschaften zu Leipzig und der Mainzer Akademie der Wissenschaften und der Literatur im Auftrag der Klassik Stiftung Weimar / Goethe- und Schiller-Archiv hrsg. von Georg Kurscheidt, Norbert Oellers und Elke Richter. Bd. 1 ff. Berlin 2008 ff.

GJb Goethe-Jahrbuch. – Jahrbuch der Goethe-Gesellschaft. – Goethe. Vierteljahresschrift der Goethe-Gesellschaft. Neue Folge des Jahrbuchs. – Goethe. Viermonatsschrift der Goethe-Gesellschaft. Neue Folge des Jahrbuchs. – Goethe. Neue Folge des Jahrbuchs der Goethe-Gesellschaft. – Goethe-Jahrbuch. 1880 ff.

GT   Johann Wolfgang Goethe: Tagebücher. Historisch-
          kritische Ausgabe. Im Auftrag der Stiftung Weima-
          rer Klassik hrsg. von Jochen Golz unter Mitarbeit
          von Wolfgang Albrecht, Andreas Döhler und Edith
          Zehm (ab 2014:) Im Auftrag der Klassik Stiftung
          Weimar hrsg. vom Goethe- und Schiller-Archiv.
          Bd. 1 ff. Stuttgart/Weimar 1998 ff.

GSA   Klassik Stiftung Weimar, Goethe- und Schiller-
          Archiv

GWb   Goethe Wörterbuch. Begründet von Wolfgang
          Schadewaldt. Hrsg. von der Deutschen Akademie
          der Wissenschaften zu Berlin (ab 1972: Akademie
          der Wissenschaften der DDR; ab 1992 Berlin-Bran-
          denburgische Akademie der Wissenschaften), der
          Akademie der Wissenschaften zu Göttingen und der
          Heidelberger Akademie der Wissenschaften. Bd. 1 ff.
          Stuttgart/Berlin/Köln/Mainz 1978 ff. (1. Lieferung
          1966).

JDSG   Jahrbuch der Deutschen Schillergesellschaft. In-
          ternationales Organ für neuere deutsche Literatur.
          Berlin 1957 ff.

MA   Johann Wolfgang Goethe: Sämtliche Werke nach
          Epochen seines Schaffens. Münchner Ausgabe.
          Hrsg. von Karl Richter in Zusammenarbeit mit Her-
          bert G. Göpfert, Norbert Miller, Gerhard Sauder und
          Edith Zehm. 21 Bde. München/Wien 1985–1998;
          Registerband 2014.

NA   Schillers Werke. Nationalausgabe. 1940 begründet
          von Julius Petersen. Fortgeführt von Lieselotte Blu-
          menthal, Benno von Wiese, Siegfried Seidel. Hrsg.

im Auftrag der Stiftung Weimarer Klassik und des Schiller-Nationalmuseums in Marbach von Norbert Oellers. Bd. 1 ff. Weimar 1943 ff.

SW   Friedrich Schiller: Sämtliche Werke. 5 Bde. Auf der Grundlage der Textedition von Herbert G. Göpfert hrsg. von Peter-André Alt, Albert Maier und Wolfgang Riedel. München 2004.

WA   Goethes Werke. Hrsg. im Auftrage der Großherzogin Sophie von Sachsen. I. Abtheilung: Werke. II. Abtheilung: Naturwissenschaftliche Schriften. III. Abtheilung: Tagebücher. IV. Abtheilung: Briefe, Weimar 1887–1919 [Reprint München 1987]; Goethes Werke. Weimarer Ausgabe. Nachträge und Register zur IV. Abtheilung: Briefe. Hrsg. von Paul Raabe. 3 Bde. München 1990.

Autor*innen

ESSER, Andrea Marlen, Prof. Dr., Friedrich-Schiller-Universität Jena

SCHMIDT, Andreas, Prof. Dr., Friedrich-Schiller-Universität Jena

SCHMIDT, Georg, Prof. em. Dr., Friedrich-Schiller-Universität Jena

Publikationen des Schillervereins Weimar-Jena e.V.

2021: Schillers Krankheiten. Pathographie und Pathopoetik. Mit Beiträgen von Peter-André Alt, Cornelia Zumbusch und Wolfgang Riedel (Schiller-Studien, Bd. 1). ISBN 978-3-86525-939-4

2020: Schillers Nachleben in Goethes Denken und Dichten. Mit Beiträgen von Achim Aurnhammer, Helmut Hühn und Ariane Ludwig. ISBN 978-3-00-067383-2

2019: Friedrich Schiller und Wilhelm von Humboldt. Mit Beiträgen von Cord-Friedrich Berghahn, Manfred Geier und Michael Maurer. ISBN 978-3-00-063950-0

2018: Schiller und die Romantik. Mit Beiträgen von Alice Stašková, Nikolas Immer und Astrid Dröse. ISBN 978-3-00-060572-7

2017: Schillers Balladen. Mit Beiträgen von Eva Axer, Klaus Dicke und Anne-Sophie Renner. ISBN 987-3-00-056831-2

2016: Charlotte von Schiller als Dramatikerin, Übersetzerin und Leserin Goethes. Mit Beiträgen von Gaby Pailer, Ariane Ludwig und Helmut Hühn. ISBN 987-3-00-053455-3

2015: Schiller und seine Verleger. Mit Beiträgen von Siegfried Seifert und Bernhard Fischer. ISBN 987-3-00-050201-9

2014: Schillers *Wallenstein*. Mit Beiträgen von Norbert Oellers, Gerrit Brüning und Claudia Sandig. ISBN 978-3-00-047377-7

2013: Schillers Schreiben. Mit Beiträgen von Jörg Robert, Sebastian Böhmer und Matthias Löwe. ISBN 978-3-00-042923-1

2012: Schillers Lyrik. Mit Beiträgen von Jutta Heinz, Volker C. Dörr und Thomas Boyken. ISBN 978-3-00-038832-3

2011: Friedrich Schiller – Orte der Erinnerung. Mit Beiträgen von Paul Kahl, Michael Davidis und Lutz Unbehaun. ISBN 978-3-00-035582-0

2010: Schiller und Europa. Mit Beiträgen von Daniel Fulda, Birgit Harreß, Stefan Matuschek, Eric Moesker, Yvonne Nilges und Gert Ueding. ISBN 978-3-00-032000-2

2009: Schillers Familie. Mit Beiträgen von Michael Davidis, Gaby Pailer und Christine Theml. ISBN 978-3-937384-55-9

2008: Schiller und der Weimarer Hof. Mit Beiträgen von Alexander Schmidt, Nikolas Immer und Olaf Müller. ISBN 978-3-937384-43-6

2007: Schiller und Frankreich. Mit Beiträgen von Michael Hofmann und René-Marc Pille. ISBN 978-3-937384-32-0

2006: Schiller 2005. Mit Beiträgen von Friedrich Dieckmann und Norbert Oellers. ISBN 978-3-937384-22-7

2005: Der dreifache Demetrius. Schiller, Hebbel, Braun. Mit Beiträgen von Mirjam Springer, Monika Ritzer und Bernd Leistner. ISBN 978-3-937384-12-x

2004: Das Schöne und das Erhabene. Mit Beiträgen von Brigitta-Sophie von Wolff-Metternich und Michael Hofmann. ISBN 978-3-937384-01-4

2003: *Das Eleusische Fest, Kassandra.* Zu zwei Gedichten Schillers. Mit Beiträgen von Jochen Golz und Andrea Bartl. ISBN 978-3-933679-87-7

2002: »...schwankt sein Charakterbild in der Geschichte«. Zu Schillers *Wallenstein.* Mit Beiträgen von Dieter Borchmeyer und Hans-Dietrich Dahnke. ISBN 978-3-933679-75-3

2001: Am Beginn der Moderne. Schiller um 1800. Mit Beiträgen von Norbert Oellers und Wolfgang Riedel. ISBN 978-3-933679-63-X

2000: Die »ganze moralische Welt« und die Despotie des Ideals. Zu Schillers *Don Karlos.* Mit Beiträgen von Klaus Manger und Regine Otto. ISBN 978- 3-933679-48-6

1999: *Kabale und Liebe* – ein Drama der Aufklärung? Mit Beiträgen von Peter-André Alt und Hans-Jürgen Schings. ISBN 978-3-933679-26-5

1998: Caroline von Wolzogen (1763–1847). Tagungsband. Hrsg. von Jochen Golz. ISBN 978-3-929146-86-X (vergriffen)

1997: B. K. Tragelehn: Räubertheater; Bernd Leistner: Der beleidigte Halbgott. Zum entstehungsgeschichtlichen Kontext von Schillers Balladen; Hans-Dietrich Dahnke: *Der Kampf mit dem Drachen.* Von Dienstbarkeit und Indienstnahme einer Dichtungsart. ISBN 978-3-929146-67-3

1996: Christian Hecht: »Mich hält kein Band, mich fesselt keine Schranke«. Das Schillerzimmer im Weimarer Schloß; Rolf Selbmann: Der Gipfel der deutschen Poesie. Rietschels Goethe-Schiller-Denkmal im Kontext. ISBN 978-3-929146-54-1

1995: Jochen Golz: »Glückliches Ereigniß«; Helmut Brandt: Goethe und Schiller – das Bündnis der Antipoden; Klaus Manger: Die »Sternenstunde« von Schillers *Wallenstein.* ISBN 978-3-929-146-36-3 (vergriffen)

1994: *Wunderseltsame Historia.* Ein politisches Gedicht aus dem Jahr 1783. Faksimile der Handschrift und des Erstdrucks, ausgelegt von Georg Kurscheidt und Volker Wahl. ISBN 978-3-929146-18-5 (vergriffen)

1993: Wolfram Huschke: Schiller-Vertonungen im frühen 19. Jahrhundert; Wolfgang Marggraf: Schiller auf der italienischen Opernbühne. ISBN 978-3-929146-11-8

1992: Kurt Wölfel: Der Held und das Panoptikum der Macht und der Tugend. Über Schillers *Fiesko*; Horst Nahler: Ein »Produkt der Begeisterung« in den »Gränzen der Theatralischen Welt«. Die Fassungen von Schillers *Fiesko-*Drama. ISBN 978-3-928882-69-4